フランスの台所から学ぶ

大人のミニマルレシピ

上田淳子

Apprendre la cuisine française,
Recettes minimalistes pour des adultes

世界文化社

自分が愉しむ食事は気負わず簡単に作ります。

私事ですが双子の息子たちが独立して夫婦二人の生活に戻り、食事に対するスタンスが変わってきました。子どもの成長期には栄養バランスを考えたり、白飯がすすむおかずを飽きないように和洋中変化をつけたりなど、家族のために食事を作ってきました。仕事をしながら日々の食事やお弁当を作るのは大変でしたが、作りがいがあったことも確かです。家族の「おいしい」のひと言が毎日の原動力でもありました。

そして26年ぶりに大人だけの食事に戻りました。夫は仕事がら家で食事をすることが少なく、一人ごはんの日が増えました。最初は自分好みに作れることが新鮮でうれしかったのですが、だんだん面倒に感じるように。食材を使い切れないことも多く、家族の食事を作っていた頃とのギャップにとまどいました。作らずにテイクアウトや取り寄せをストックという手もありますが、毎日では飽きてしまいますし、できればその日の気分に合った出来立ての料理が食べたい。そんな思いを経て、今の私にしっくりくるのは、気負わず作れる「フランス的なごはん」です。

ご飯にもパンにも合う
たんぱく質＋野菜
の大きなひと皿で十分です。

ハムやゆで玉子、
簡単な前菜をつまみにして
ワインを愉しんでも。

ふと思い出すのが、若い頃に現地で知り合ったフランスマダムたち。おしゃべりをしながら、パパッと軽やかに食事を作ってくれました。レシピを見ることも量ることもないのに、おいしく味が決まっていました。その秘密は簡単なレシピをくり返し作るというシンプルなもの。つまりふだんの食事を気負わずとびきりおいしく作る

には、ミニマル《必要最低限》なレシピでなくては！　当時はそこまで考えが及びませんでしたが、一人ご飯をきっかけにフランスマダムの食事が非常に合理的だったことに気がつきました。

そこで彼女たちの手法を取り入れ、食材や調味料が少なく、だしもスープも不要で、工程が簡単なミニマルレシピをここ日本で考えてみました。私たちが作りやすいことが大切ですから、いわゆるフランス料理ではなく、なじみのある日本の食材を使ったフランス的な料理です。作り慣れればレシピも不要です。

ふだんの食事は贅沢なものや手の込んだものではなく、身近な素材をその日の気分に合うように料理し（もちろん和食や中華の日もあるでしょう）、さらに出来立てがいい。家族の食事を卒業したら、このミニマルレシピで自分のための食事を愉しんでいただけたらうれしいです。

Chapitre 2

「焼く」、「軽く煮る」のメイン料理

たんぱく質＋野菜の大きなひと皿

Chapitre 3

ひと皿足すならシンプルな前菜

野菜は5つの調理法で食べます

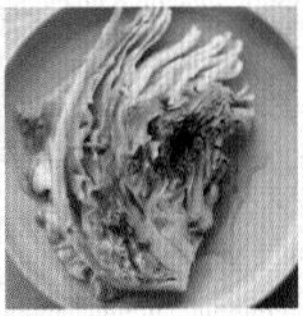

この本のこと

Guide pratique

材料と分量について

▼分量は1人分です。料理によっては作りやすくするために2人分にしています。2人分作る場合は、材料の分量を2倍にしてください。

▼大さじ1は15㎖、小さじは5㎖です。

▼材料の切り方は材料表に示しています。分量はあくまでも総量です。

▼塩は粗塩、オリーブ油はエキストラバージンオリーブオイル、バターは有塩を使用しています。生クリームは乳脂肪分35％以上を使ってください。白ワインは日本酒で代用しないでください。

▼必ず必要なもの以外は、材料表の最後にスペースを空けて記しています。作り方に明記していませんが、材料や作り方についての補足説明や、風味のアレンジなどを書き添えました。アクセントとなるスパイスやハーブは手持ちのものをぜひご活用ください。

作り方について

▼Chapitre 2のメイン料理は基本的に最初にすり込む塩のみ分量を表記しています。どの料理も最後に味をみて、おいしいと思う味に塩、こしょうでととのえてください。

▼特にことわり書きがなければ、通常皮をむいて使用するものはむき、種類によっては芯や種を取ります。きのこ類は石づきを切り落とします。

▼電子レンジは出力600Wのものを使っています。500Wの場合は1.2倍にしてください。

おまけ

▼こしょうは黒こしょうのみに限定してもかまいません。仕上げにふるときは挽きたてがおすすめ。調理中も粒黒こしょうを挽いて使用すれば1種類の準備で済みます。

Chapitre 1

フランス人に学ぶ
ミニマルな食卓

Des recettes de cuisine française savoureuses, faciles à réaliser

食事を愉しむことに長けた
フランス人の食卓がどうしてミニマルなのか。
そこには合理的なフランス人らしい考え方と、
フランス料理ならではのシンプルな調理法や味つけがあります。
彼らのふだんの食事をベースにしたミニマルな料理をお手本に、
1人分を気負わず作って満足できる
「フランス的ごはん」について考えました。

フランスの台所に学ぶワンパターンの食事

美食大国フランスの台所をのぞいてみると、実は決してレストランで食べるような手の込んだ料理を毎日作ってはいません。むしろウィークデーは仕事から帰ってきて、時間も手間もかけず、最小限の道具でさっと作るのみ。品数も素材数も少なくシンプルな調理方法で、たんぱく質と季節の野菜のひと皿があれば基本的にはOK。献立は考えません。考え方も非常にシンプルで、自分がその日に食べたい素材を選び、食べたい味に仕上げます。日本ほど基本調味料も、料理のバリエーションも多くな

パサつきがちな肉や魚はムニエルに

脂肪分が少なくパサつきがちな魚は、粉を薄くつけて焼くムニエルがおすすめ。魚だけでなく鶏むね肉にも。

薄切り肉は欧風煮浸しに

フランスに薄切り肉はありませんが、たっぷりの野菜とともに軽く火を通す「欧風煮浸し」がおすすめ。

焼いただけの肉に切っただけのトマトを

ポークソテーを焼いている間に、フレッシュトマトを切って和えるだけのソースが作れます。

いので悩むこともありません。

食にこだわりがあるのにどうして？　と思われるかもしれませんが、フランス人にとっては自分の好みや気分と同じくらい素材をどのように調理するとおいしいかということが重要です。例えば蒸し煮してふっくらおいしい素材をわざわざ焼きません。そういった意味では常にワンパターンなのです。味つけは基本的に塩だけ、使用する素材は肉か魚＋季節の野菜、調理法はそれぞれに向くものという非常にミニマルなレシピ。そうなるとレシピを見なくても作れるので調理中のストレスもなく、食べることが愉しみに。無理なアレンジをせずに素材をおいしく食べる術を知ることが、大人の洗練された食の愉しみであるとフランスの台所で学びました。この考え方に即した、日本の食材で作るフランス的なごはんのレシピをお伝えする前に、もう少し詳しく「フランス的」がいかにミニマルなのかということをお話しします。

市販のものも上手に取り入れて

献立はなくとも前菜はあるのがフランス流。ハムやパテ、フレッシュ野菜、ゆで玉子が立派な前菜になります。

肉も魚も塩を最初にすり込みます

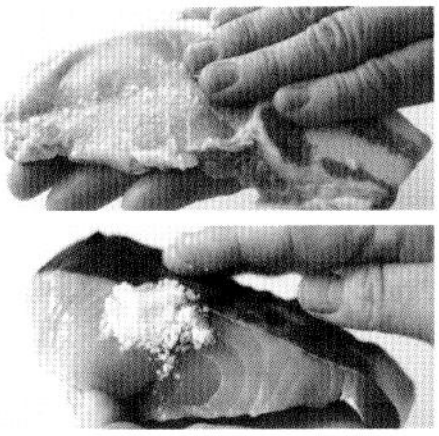

味つけは肉も魚も最初に塩をしっかりすり込むのが基本。すり込むと溶けて味がきちんと入ります。

魚は小さなフライパンですべて作れます

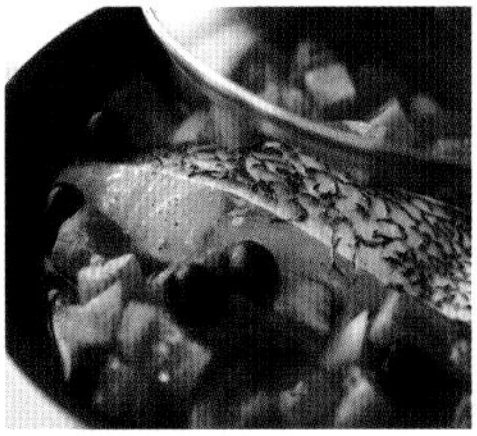

材料すべてをフライパンに入れて火にかけるだけで出来上がり。臭みをしっかり取り除く秘訣、教えます。

Les raisons de proposer des recettes minimalistes

必要最低限の調理なので、レシピ不要で作れるようになります。

どんなにフランス的なごはんがシンプルだとお伝えしても、実際に作ってみたときの手軽さは想像できないかもしれません。もちろん一般的な料理と同様に焼いたり煮たりしますが、たくさんの材料を切り刻む必要がないことや、途中で調味料を加えることがほぼないということで、時間にも気持ちにも余裕が出ます。

特に仕上がりに影響するのが、火の通り具合。途中で調味料を加えるたびに、味をみて調整しているうちに、どんどん加熱しすぎてしまうことはありませんか。その点、フランス的ごはんは基本的に肉も魚も最初に塩をすり込んで味をつけてしまいますから、すでに中までしっかり味が入った状態でスタートします。火を止めてから味をみて調整すればいいため、火の通り具合だけに集中できます。慣れればそれも感覚でできるようになるので、塩の分量「肉100～120gに塩ふたつまみ（約1g）」さえ知っていれば、レシピを見なくても作れるようになります。

さっと焼いただけの
牛肉がごちそうに

たらとレタスを
さっと蒸し煮しただけ

10〜15分ですべて完成します。だから作り置きは必要ありません。

毎日家族のための食事を作っていたかたは、週末などにまとめておかずを作る「作り置き」をしていませんでしたか。作り置きをしなくては…というプレッシャーはあるものの、帰宅後に副菜が一品あるだけで本当に助かります。

しかしフランス人は作り置きをしません。煮込みなどをたっぷり作って翌日グラタンにリメイクしたり、ピクルスやマリネを多めに作って前菜やソースに活用したりということはありますが、別の日のためのおかずを作ることはありません。それは献立という考え方がなく品数が不要で、作り方がシンプルだから。ふだんはあくまでも食事の時間をゆっくり愉しむために、さっと焼いたり、軽く煮たり短時間でできるようなものを作ります。フライパンに蓋をして待っている間に、道具を洗えますし（といっても包丁とまな板くらいしかありませんが）、出来立てをすぐ食べるためにカトラリーやグラスをテーブルに並べる余裕もあります。

ワインを飲みながら
出来上がりを待つもよし

Les raisons de proposer des recettes minimalistes

道具は1つ、調理法は2つだけで、すべてのメニューが作れます。

フランスの台所に学ぶというと、手持ちの道具では作れないのでは？　と思われるかもしれませんが、なんとフライパン1つあれば大丈夫。もちろんフランスの一般的な家庭には煮込み用の鍋などその他の道具もありますが、本書はあくまでもミニマル料理。時間も手間もかけずにパパッと作れる家庭のフレンチをお手本にしたところ、メイン料理は肉も魚も「焼く」か「軽く煮る」かの2通りで、どちらも22〜24㎝のフライパンが1つあればいいという結論にたどり着きました（実は20㎝でもギリギリ大丈夫）。ちなみにフライパンは蓋つきのフッ素樹脂加工のものを使います。

決して無理になんでもフライパンで作ろうと提案しているわけではありません。1人分の食事作りにおいて、このくらいなら食べる愉しみのためにできるかなという料理を考えたところ、こうなりました。フライパン1つ、調理法2つだけで、心豊かになれる食事が数多く作れるなんてちょっと愉しみになってきませんか。

フライパン1つなら後片づけもミニマル

Les raisons de proposer des recettes minimalistes

味つけは塩だけ。調味料の配合は不要です。

どうしてミニマルに料理することをフランスに学ぶのか、最大の理由は塩にあります。味噌や醤油を使う和食と違って、フレンチは塩のみ。塩加減さえきちんとすれば味はおのずと完成します。ほかの調味料との比率も不要です。これって料理をするうえで思った以上に気がラクなんです。

おいしい塩の分量はほぼ決まっていて、最初に肉や魚に塩をすり込む

約120gの肉に粗塩ふたつまみ（1g）が目安

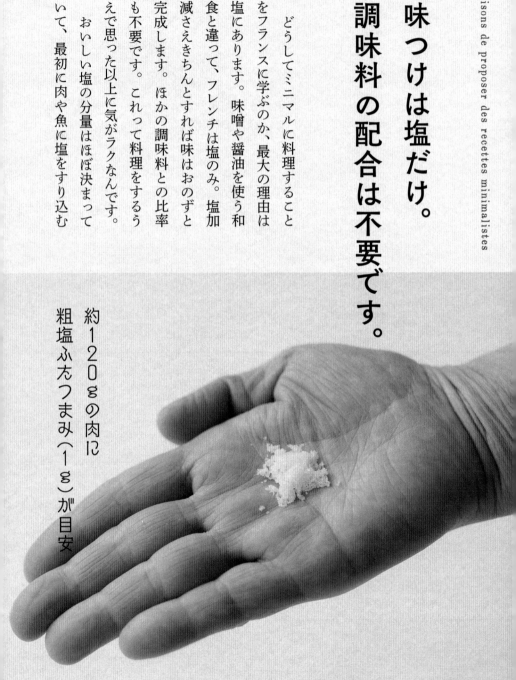

ので、途中で調味料を加えることがほとんどありません。最後に味をみて足りなければ塩を足せばいいだけ。なんなら食べ始めてからでもかまいません。調理中の塩は粗塩（伯方の塩や赤穂の天塩など）を使います。さらさらの精製塩に比べて旨みがあり、1人分を作る場合にわずかな差で塩味が大きく変わることもありません。

この本のひとつまみ（三本指でしっかりつまむ）は0・5g。思った以上にしっかりつまんだ状態です。自分のひとつまみが何gか量ってみることをおすすめします。

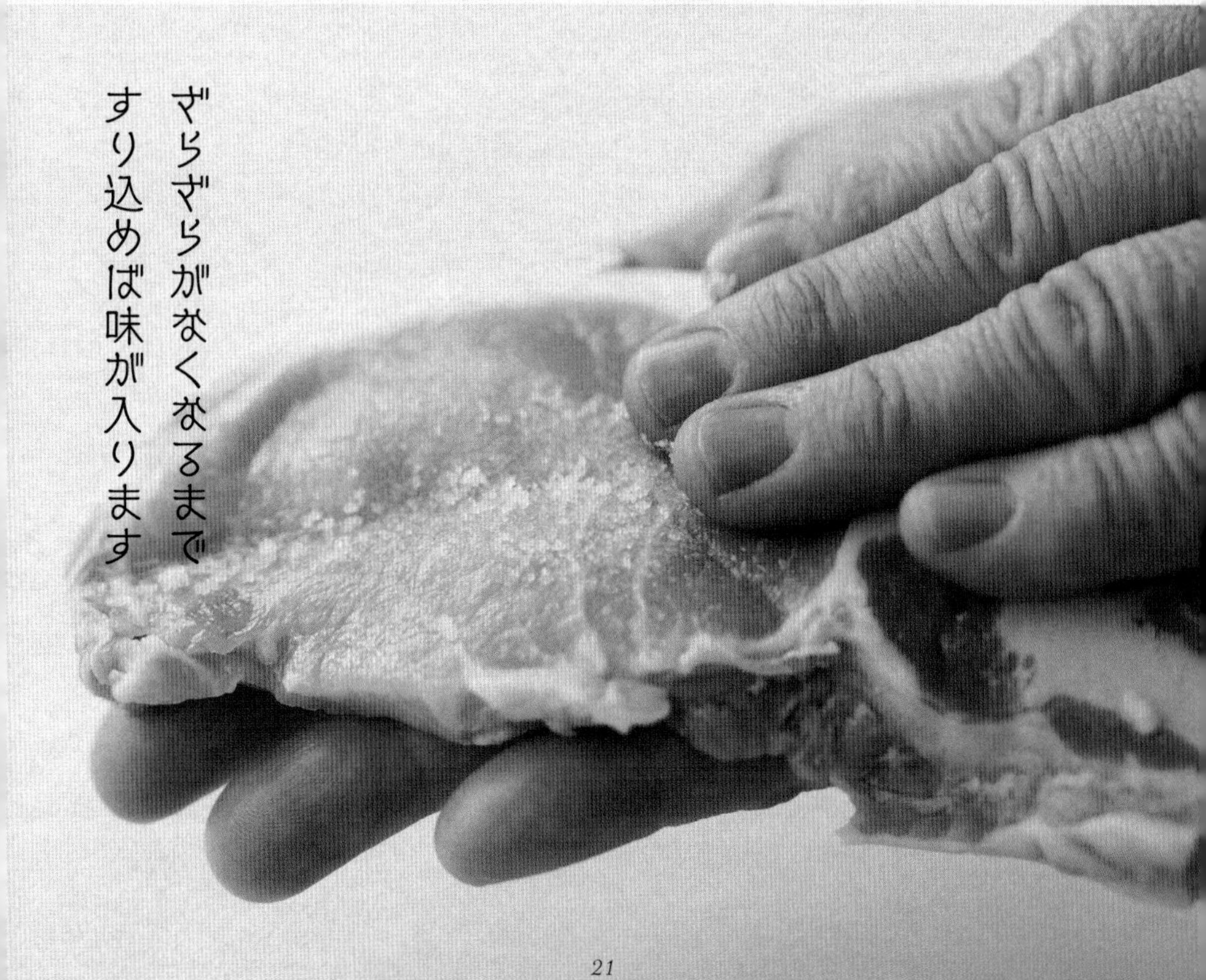

ざらざらがなくなるまで
すり込めば味が入ります

味つけは塩だけ

塩味を引き立てる風味がいろいろあります。

塩味がいかにミニマルであっても飽きてしまいそうと思うかたが多いでしょう。でも心配ありません。塩味とは素材の味、つまり素材の数だけ味があるということ。そのうえさまざまな風味づけをすることで、味の幅がぐんと広がります。レシピに目安の分量は記していますが、案外アバウトでも大丈夫。その日の気候や気分によって組み合わせるほか、量を調整してください。

香味野菜

にんにく

生姜

油脂

オリーブ油

バター

乳製品

牛乳

生クリーム

チーズ

酸味

バルサミコ酢

レモン

ワインビネガー

ナッツ

くるみ、アーモンド、
カシューナッツなど

マスタード

粒マスタード
マスタード

ハーブ&スパイス

スパイス
（黒こしょう、クミン、コリアンダー、
カルダモン、ピンクペッパー、五香粉など）

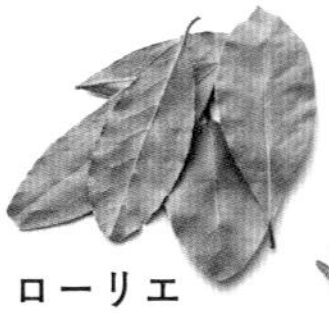

ローリエ

ローズマリー

バジル

イタリアンパセリ

ディル

献立は不要。たんぱく質＋野菜の大きなひと皿で十分です。

最初に少し触れましたが、誤解を恐れずに言うとフランス人には献立という概念がありません。メインに肉か魚を選び、季節の野菜を添えてパンやご飯があればそれが食事。たんぱく質、野菜、炭水化物がきちんととれるので、栄養バランスも問題ありません。一人の食事でひと皿だと寂しいと思われるかもしれませんが、それを解消するのが大きめのお皿です。基本的にフランス料理はこんもり高さを出さず平面に盛るので、たっぷりの野菜を添えるだけで大きめのお皿でも違和感なく埋まります。本書で作るメイン料理は、スタンダードな平皿とスープ皿があればすべて盛りつけることができます。料理によっては付け合わせた野菜がソース代わりになるほか、ご飯やパスタを添えるのもおすすめです。

平皿とスープ皿さえあれば！

直径27㎝程度の平皿とスープ皿。リムの分大きく感じますが、実際に盛りつける部分は直径17～18㎝くらいです。

肉か魚＋野菜のひと皿で豊かに

Les raisons de proposer des recettes minimalistes

フランスに副菜はありません。ひと皿加えるならシンプルな前菜を。

フランス人に献立という概念がないとお話ししましたが、コース料理のように前菜やデザートを食べる習慣はあります。といっても簡単に作ったものか、もしくは買ってきたハムやパテを並べる程度ですし、切ったトマトがそのまま、ゆで玉子にマヨネーズをかけただけ（ウフマヨといって定番です）ということも珍しくありません。でももし時間と気持ちに余裕があって大きなひと皿以外に何か欲しいなというときは、野菜の簡単な前菜はいかがでしょうか。

スープやサラダといったおなじみの料理はもちろん、軽く蒸し煮するだけ、焼くだけで十分一品になります。お腹が空いていたら、前菜をつまみながらメインを準備してもいいですし、食後においしいお茶を淹れてお気に入りのお菓子やフルーツを食べればそれはもうフランス人が家で食事を愉しむスタイルそのもの。読みたかった本や映画とともに夜をゆっくりお過ごしください。

市販のハムや
ゆで玉子でＯＫ

かぶをただ焼くだけで前菜に

ちょっとずつ残った野菜をスープに

シンプルな前菜

前菜は多めに作るとメイン料理にもなります。

お腹がペコペコという日もあれば、それほどでもないという日もあります。今日は軽めの食事がいいなと思ったときは、前菜を多めに作ってメインに昇格させましょう。もともとたんぱく質を加えた前菜もご紹介していますが、そうでないものでも肉や魚介を加えればバランスもよく、満足感もあります。買い置きしているハムやツナ缶、豆類などを加えるだけでも十分です。大きなお皿にたっぷり盛れば、きちんとメインのひと皿に見えるところもフランス料理のいいところ。また、お酒を召し上がるかたはボリュームよりも品数が欲しくなるので、簡単な前菜2品をおつまみにするという手もあります。自分のお腹の空き具合や気分で、好きなように調整できるのも一人ご飯の醍醐味ですね。

Chapitre 2

「焼く」、「軽く煮る」のメイン料理

たんぱく質 ＋ 野菜の大きなひと皿

Plat principal de poisson ou viande avec légumes

1人分の食事はかたよりがちですが、
パパッと作れる2つの調理法ならば、
たんぱく質と野菜がバランスよくとれます。
肉や魚はフライパンでさっと焼くだけ、軽く煮るだけで、
あとは季節の野菜を添えたり、ソースにしたり、
また一緒に火を通したりするだけ。
買い慣れた肉や魚を使い、ご飯にもパンにもパスタにも合う料理です。

フランスの「軽い煮込み」なら、短時間でも肉が柔らかく仕上がります。

煮込みというとコトコトじっくり柔らかく煮る時間をかけた料理をイメージすると思いますが、フランスの軽い煮込みはいわゆる蒸し煮。細かく分けるとさまざまな手法がありますが、この本では全部ひっくるめて「軽い煮込み」と呼んでいます。

短時間煮るだけなので夏でもキッチンが暑くならず、そのうえあまり気を使わずとも肉がふっくら仕上がります。素材にもよりますが最初に焼いて取り出し、野菜と一緒に蓋をして3～8分ほど蒸し煮します。料理によっては最後に水分を飛ばして出来上がり。そのうち目をつぶっていても作れるようになります。

ミニマル料理全般にいえることですが、材料の白ワインを日本酒で代用することはできません。日本酒には甘みがあるため、塩味のミニマルレシピには不向き。水で代用するほうがいいくらいです。高価なものは不要ですし、200㎖くらいのものがコンビニやスーパーにありますのでぜひ使ってみてください。

軽く焼いて
臭みを取るだけ

蓋をして数分
蒸し煮するだけ

鶏もも肉は、軽く煮込むのがいちばんおいしい。

適度な脂肪があって柔らかく仕上がる鶏もも肉は、これまで煮たり焼いたり揚げたりと大活躍だったのではないでしょうか。おいしく食べる方法はいろいろありますが、自分一人のためにわざわざ作るとしたら、軽い煮込みにしましょう。表面を軽く焼いて臭みを含んだ油を捨て、野菜と煮込むだけ。焼き締まらずふっくら柔らかく仕上がります。

鶏もも肉を1枚買って1度に2人分作ってもいいのですが、から揚げ用ならば切らずに必要な分だけ使えるので洗い物のストレスもありません。塩味、トマト味、クリーム味という3つの定番の味をご紹介します。基本的な作り方は同じなので慣れてきたらその日の気分でスパイスを加えたり、ピリ辛にしたりなど味を変化させることも愉しんでください。

1人分ならから揚げ用が便利

4～5個で120～150g（約½枚）使用しています。
1枚購入してすべてカットし半量を冷凍しても。

鶏もも肉のレモンハーブ煮

鶏もも肉のレモンハーブ煮

レモンとハーブで蒸し煮するだけで
ビストロのような仕上がりに。
暑い日にもさっぱりといただけます。

材料（1人分）

- 鶏もも肉（から揚げ用）……4～5個（120～150g）
- 玉ねぎ（薄切り）……½個
- 白ワイン……50mℓ
- Ⓐ レモン（輪切り）……1枚
- Ⓐ ローズマリー……約5cm
- Ⓐ 水……50mℓ
- オリーブ油……小さじ2
- 塩、こしょう……各適量

タイムやオレガノ、バジルでも。

作り方

1 鶏もも肉に塩ふたつまみ、こしょう少量をすり込む。

2 フライパンにオリーブ油小さじ1を熱し、**1**の皮目を下にして並べる。中火で両面に軽く焼き色がついたら取り出す。

3 フライパンの油をペーパータオルで吸い、残りのオリーブ油、玉ねぎを入れてしんなりするまで中火で炒める。白ワインを加えて水分が半量になるまで煮詰める。

4 **3**に**2**を並べ、Ⓐを加えて蓋をし、煮立ったら弱めの中火にして火が通るまで約5分煮る。蓋を取り、火を強めて少し煮つめ、塩、こしょうで味をととのえる。

mémo

クミンやコリアンダー、カルダモンをⒶと一緒に入れるとパンチのある味が楽しめます。

トマト缶を使ったシンプルなトマト煮は
季節を問わず楽しめるうれしいひと皿。
その日の気分と都合で
パン、パスタ、ご飯と一緒にどうぞ。

鶏もも肉のトマトオリーブ煮

材料（1人分）

鶏もも肉（から揚げ用）……4～5個（120～150g）
にんにく（つぶして芽を取り除く）……1かけ
A
- オリーブ（黒。指でつぶして加える）……6粒
- トマトダイス缶（水煮）……½缶（200g）
- 水……50mℓ

オリーブ油……大さじ1
塩、こしょう……各適量
ショートパスタ（ゆでる）……乾燥で50g

トマト缶とともに
唐辛子の種を取って加えると
ピリ辛味が楽しめます。

作り方

1 鶏もも肉に塩ふたつまみ、こしょう少量をすり込む。

2 フライパンにオリーブ油小さじ1、にんにくを入れて熱し、**1**の皮目を下にして並べる。中火で両面に軽く焼き色がついたら取り出す。

3 フライパンの油をペーパータオルで吸い、残りのオリーブ油と**A**を加えて**2**を並べる。蓋をし、煮立ったら弱めの中火にして火が通るまで約5分煮る。蓋を取り、火を強めて少し煮詰め、塩、こしょうで味をととのえる。

玉ねぎやセロリなど香味野菜が
少し残っていたら、一緒に煮込むと
より奥深い味になります。

コクのあるクリーム味をカレー粉でキリッと引き締めたメリハリのある味。カレー粉の量はお好みで調整してください。

鶏もも肉のカレークリーム煮

材料（1人分）

鶏もも肉（から揚げ用）……4～5個（120～150g）
マッシュルーム（5㎜幅に切る）……1パック（100g）
白ワイン……50㎖
生クリーム……100㎖
カレー粉……小さじ½
サラダ油……小さじ2
塩、こしょう……各適量
ご飯……適量

mémo

きのこはしいたけ、まいたけ、しめじ、エリンギなどなんでもいいですよ。もちろん少しずつ残っているなら数種入れるとよりおいしくなります。

作り方

1 鶏もも肉に塩ふたつまみ、こしょう少量をすり込む。

2 フライパンにサラダ油小さじ1を熱し、**1**の皮目を下にして並べる。中火で両面に軽く焼き色がついたら取り出す。

3 フライパンの油をペーパータオルで吸い、残りのサラダ油を熱し、マッシュルームをしんなりするまで炒める。白ワインを加えて水分を半量まで煮詰める。

4 **2**、生クリームを加えて蓋をし、煮立ったら弱めの中火にして約5分煮る。蓋を取って火を強めてとろりと煮詰め、カレー粉を加えて混ぜ、塩、こしょうで味をととのえる。

カレー粉を入れずに生クリームのみでまろやかに仕上げても美味。

豚肩ロース肉なら短時間でもしっとりジューシーに仕上がります。

豚肩ロース肉は赤身と脂肪のバランスがよく、旨みやコクもたっぷり。鶏も肉と同じく、軽く煮ただけで柔らかくジューシーに仕上がります。豚肉ならではの旨みを生かして、野菜やフルーツと軽く煮込むレシピをご紹介します。

豚肉は焼く直前に小麦粉を薄くつけ、表面を焼いて一旦取り出します。そうすることで煮込んだときに煮汁にとろみがつき、ソースとして肉や野菜にしっかりからみます。このとろみ、あるとないとでは仕上がりの味が大違いです。シンプルだからこそ、ここだけは省略してはいけません。肉は焼く前に切っても切らなくてもかまいません。野菜の形状に合わせて食べやすく切るか、切らずにナイフ・フォークで食べるかはお好みでどうぞ。かたまり肉しか手に入らない場合は、下の写真のようにカットすれば同様に調理できます。

かたまり肉はカットして使います

ステーキ用の豚肩ロース肉が手に入らないときは、かたまり肉を購入し、1.5㎝厚さに切って使ってください。残った分は切って冷凍すると、使いやすいですよ。

豚肉ときのこのはちみつビネガー煮

はちみつのコクのある甘みとワインビネガーの風味豊かな酸味で豚肉の旨みがぐっと引き立ちます。

豚肉ときのこのはちみつビネガー煮

材料（1人分）

- 豚肩ロース肉（ステーキ用）……1枚（約120g）
- 小麦粉……適量
- エリンギ（縦半分に切って厚めの斜め切り）……60g
- しめじ（石づきを切って小房に分ける）……100g
- 白ワイン……50㎖
- Ⓐ
  - 水……50㎖
  - はちみつ……小さじ2
  - ワインビネガー（または酢）……大さじ1
- サラダ油……小さじ2
- 塩、こしょう……各適量

作り方

1 豚肩ロース肉に塩ふたつまみ、こしょう少量をすり込み、小麦粉を薄くつける。フライパンにサラダ油小さじ1を熱し、肉を強めの中火で焼き、両面に焼き色がついたら取り出す。

2 フライパンの油をペーパータオルで吸い、残りのサラダ油を熱してエリンギ、しめじを中火で炒める。きのこ類がぷりっとしたら白ワインを加え、水分が半量になるまで煮詰める。

3 1、Ⓐを加え、煮立ったら蓋をして約4分煮る。蓋を取り、火を強めて軽く煮詰め、塩、こしょうで味をととのえる。

mémo

ワインビネガーの代わりにバルサミコ酢を使うとコクが出ます。また、日本の酢を使うとまろやかな仕上がりになります。

定番のアップルジンジャーもソースにせず、
りんごを大きく切って具材にすると手軽。
バターの風味で一体感が出ます。

豚肉とりんごのジンジャー煮

材料（1人分）

豚肩ロース肉（ステーキ用）……1枚（約120g）
小麦粉……適量
バター……5g
りんご（6等分のくし形切り）……1/2個（約150g）
生姜（細切り）……小1かけ
白ワイン……50mℓ
水……50mℓ
サラダ油……小さじ1
塩、こしょう……各適量

りんごは手に入る品種で十分ですが、紅玉なら1個使ってください。

作り方

1 豚肩ロース肉に塩ふたつまみ、こしょう少量をすり込み、小麦粉を薄くつける。フライパンにサラダ油を熱し、肉を強めの中火で焼き、両面に焼き色がついたら取り出す。

2 フライパンの油をペーパータオルで吸う。バターを入れて中火で溶かし、りんご、生姜をさっと炒める。白ワインを加えて水分を半量まで煮詰める。

3 **1**、水を加え、煮立ったら蓋をして約4分煮る。蓋を取り、火を強めて軽く煮詰め、塩、こしょうで味をととのえる。

豚肉と長ねぎの魯肉飯《ルーローハン》風

材料（1人分）

豚肩ロース肉（ステーキ用）……1枚（約120g）
小麦粉……適量
長ねぎ（7mm幅の斜め切り）……1本（100g）
生姜（みじん切り）……小さじ1
水……100mℓ
Ⓐ五香粉……小さじ1/3〜1/2
　砂糖……小さじ1/2〜1
ごま油……小さじ2
塩、こしょう……各適量
ご飯……適量

作り方

1 豚肩ロース肉は棒状に切って塩ふたつまみ、こしょう少量をもみ込み、小麦粉を薄くつける。フライパンにごま油小さじ1を熱し、肉を強めの中火で焼いて全体に焼き色がついたら取り出す。

2 フライパンの油をペーパータオルで吸う。残りのごま油を熱し、長ねぎ、生姜をさっと炒める。水、**1**を入れて蓋をし、弱めの中火で約4分煮る。

3 Ⓐを加えてざっと混ぜて味をなじませ、塩、こしょうで味をととのえる。

mémo

五香粉とは八角や花椒、クローブなどのミックススパイス。煮込みだけでなく、肉や魚にふって焼いたり揚げたりするだけで、一気に本格的な香りがただよいます。使用量は肉120〜150gに小さじ1/4が目安です。

五香粉を使うだけで一気に台湾屋台飯風に。
肉は切ったほうが食べやすいですが、
切らずに作ってナイフ・フォークで食べてもOK。

シュークルート風といっても発酵させないので、酸味のないやさしい味わい。クミンでアクセントをつけています。

豚肉とキャベツのシュークルート風

材料（1人分）

豚肩ロース肉（ステーキ用）……1枚（約120g）
小麦粉……適量
キャベツ（5㎜幅に切る）……200g
白ワイン……50㎖
Ⓐ
クミンシード……小さじ½
水……50㎖
サラダ油……小さじ2
塩、こしょう……各適量
粒マスタード……適量

クミンシードの代わりにクミンパウダー小さじ1/3でも。

mémo

お好みで粒マスタードを添えても。味がぼんやりしやすいので、物足りなければ塩を足してお召し上がりください。

作り方

1 キャベツは塩小さじ1をまぶして軽くもみ、10分おく。さっと洗って塩を落とし、水気をギュッと絞る。豚肩ロース肉は棒状に切り、塩2〜3つまみ、こしょう少量をもみ込む。小麦粉を薄くつける。

2 フライパンにサラダ油小さじ1を熱し、**1**の豚肉を強めの中火で焼く。両面に焼き色がついたら取り出す。

3 フライパンの油をペーパータオルで吸う。残りのサラダ油を熱し、**1**のキャベツをさっと炒め、白ワインを加えて水分が半量になるまで煮詰める。Ⓐを加えて軽く混ぜ、**2**を加えて蓋をし、約5分煮る。塩、こしょうで味をととのえる。

薄切り肉はさっと火を入れて 欧風煮浸しが野菜たっぷりでおいしい。

フランスのスーパーや精肉店に薄切り肉はありません。かたまりで買ってきて料理によって適した大きさにカットします。なぜならフォークとナイフで食べるため、薄く切って料理する必要がないから。その点、お箸の国・日本では豚も牛も薄切り肉が活躍します。火の通りが早く、お値段も魅力的ですからミニマルレシピでも積極的に使いたいですね。

おいしく食べられる和食の調理法をお手本に、柔らかく仕上がるさっと煮「欧風煮浸し」に仕立てます。すぐに火が入るので炒めもの程度の加熱時間を心がけてください。野菜も加熱時間が短いものか、細かくカットしたものを合わせています。野菜をクタクタにしたい場合、肉は後入れ（肉を炒める場合は一旦取り出して）にしてください。野菜が肉と同量かそれ以上にとれるので、たっぷり野菜を食べたい日にどうぞ。

豚薄切り肉と白菜のミルク煮

豚薄切り肉と白菜のミルク煮

すべての材料を入れて蓋をし、
包丁やまな板を洗っている間に完成です。
白菜の代わりにキャベツでも。

材料（1人分）

- 豚薄切り肉……100g
- 白菜（3cm幅に切る）……200g
- バター……5g
- 牛乳……100mℓ
- 塩、こしょう……各適量
- 黒こしょう……適量

仕上げにお好みで黒こしょうをかけると味が締まります。

作り方

1 豚薄切り肉に塩ふたつまみ、こしょう少量をもみ込む。

2 フライパンに白菜、**1**を順に広げ入れ、バターをのせて牛乳を注ぎ、蓋をして中火にかける。煮立ったら約5分蒸し煮し、蓋を取って全体を混ぜ、1～2分煮て塩、こしょうで味をととのえる。

mémo

とろとろの白菜がお好みのかたは、豚肉を後入れにしてください。

1人分のカレー作りは面倒ですが、
カレー風味の煮浸しならあっという間。
クスクスは急に食べたいときでもレンジで簡単です。

牛薄切り肉となすのカレー煮

材料（1人分）

牛薄切り肉……100g
なす（縦半分にして5㎜厚さの斜め切り）……2本（150g）
Ⓐ
カレー粉……小さじ1
クミンパウダー……小さじ½
水……50㎖
Ⓑ
生姜（すりおろす）……小さじ1
にんにく（すりおろす）……小さじ½
サラダ油……大さじ1
塩、こしょう……各適量
クスクス（粒状のパスタ）*……乾燥で50g

*94ページを参照して作る。

スパイスはコリアンダーやカルダモンもおすすめ。数種混ぜても。

作り方

1 牛薄切り肉に塩ふたつまみ、こしょう少量をもみ込む。

2 フライパンにサラダ油を熱し、中火でなすを軽く混ぜながら薄く色づくまで炒め、端に寄せる。

3 **1**を加えてさっと炒め、Ⓐをふり入れて軽く混ぜる。Ⓑを加えて蓋をし、煮立ったら弱火にして2～3分煮て塩、こしょうで味をととのえる。

気になっていた「奇跡の野菜」ビーツを、自分だけの食事で挑戦してみませんか。鮮やかな色にちょっと気分が上がります。

牛薄切り肉とビーツの軽い煮込み

材料（1人分）

牛薄切り肉……100g
ビーツ（細切り）……100g
水……50mℓ
バター……5g
サラダ油……大さじ½
塩、こしょう……各適量
プレーンヨーグルト（あれば）……大さじ1～2
黒こしょう……少量

仕上げに黒こしょうをふると味がキリッ！

ビーツと好相性。ぜひお試しを！

せん切り用スライサーが便利

ビーツはゆでるのに時間がかかりますが、スライサーでカットすれば短時間で下準備ができます。

作り方

1 牛薄切り肉に塩ふたつまみ、こしょう少量をもみ込む。

2 耐熱ボウルにビーツを入れて水大さじ2（分量外）を加え、ふんわりラップをかけてレンジで3～4分加熱する。

3 フライパンにサラダ油を熱し、**1**を広げて中火でさっと炒める。**2**、水を加えて混ぜ、蓋をする。沸いたら弱火にして3～4分煮てバターを加えて混ぜ、塩、こしょうで味をととのえる。

肉は焼くだけで極上のひと皿になります。

　家族のための食事に、焼いただけの塩味の肉は物足りないので、ソースやケチャップ、オイスターソースなどをベースにした合わせ調味料で味つけをしていませんでしたか。もりもり白飯を食べる育ち盛りの子どもがいると、そうでなくては「もっとおかずない？」という声が聞こえてきそうです。でも実は肉に塩味がしっかり入ってさえいればそれだけでもおいしく、肉によっては野菜の付け合わせ兼ソースがあれば十分。焼いただけの肉に多めの野菜で満足できるバランスのよいひと皿になります。

　焼くときの注意はとにかく触らないこと。何もしていないと手持ち無沙汰で思わずちょこちょこ動かしたり、意味もなくフライパンをふってみたり。何度も焼き具合を確認するなどフライパンの面から離してしまうとなかなか中まで火が入らず、表面のみ焼き進んで固くなってしまいます。焼き具合は目で見て判断するよりも、焼き時間を覚えたほうが確実です。豚も牛もステーキは1・5㎝厚さで中火が基準。厚みによって時間を調整してください。牛薄切り肉や焼き肉用の場合は焼き色をつけることより、火が通ったらよしとしてください。焼きすぎ注意です。

焼いている間は触らない

触るのは返すときの
1度きりです

迷ったらポークソテー！簡単でおいしい5つの味。

フランス料理ではありませんが、豚ロース肉を焼いただけのポークソテーは作りやすさとおいしさで人気があります。さまざまな調味料を駆使したこってりとしたソースもおいしいのですが、野菜をサラダまたはソテーにして添え、それをソース代わりにすると、豚肉そのものの味と、野菜と一緒に口にしたときの味の両方が愉しめます。また、ハーブ、ナッツ、ガーリック、バターをアクセントにすると、豚肉のおいしさがより際立ちます。

焼くだけなのでコツも何もありませんが、必ず筋切りをしてください。そのまま焼くと焼き縮んで均一に火を通せず固くなってしまいます。へらで押さえながら焼く手法もありますが、肉汁が出やすくなりますし、ずっとつきっきりになるのもミニマルらしくありません。

ポークソテー　トマトとバジルのソース

さっと和えたサラダがソースに。
フレッシュトマトの爽やかな酸味と甘みが豚肉にぴったりです。

ポークソテー
トマトとバジルのソース

材料（1人分）

豚ロース肉（ステーキ用）……1枚（100〜120g）
トマト（1cm角に切る）……中1個
バジルの葉……4枚
オリーブ油……大さじ1弱
塩、こしょう……各適量

バジルのほかに大葉や万能ねぎでも美味。

作り方

1 豚ロース肉は常温にもどす。ボウルにトマトを入れ、バジルの葉をちぎり入れる。塩ひとつまみ、こしょう少量、オリーブ油大さじ½を加えて和える。

冷蔵庫から出して15分くらいおきます。

2 **1**の豚肉の筋を両面から切り、塩ふたつまみ、こしょう少量をすり込む。

3 フライパンにオリーブ油小さじ1を熱し、**2**を中火で焼く。片面2分半〜3分焼いてこんがり焼き色をつける。皿に**1**のソースを盛り、肉をのせる。

【おいしく作るコツ】

Conseils pour bien cuisiner

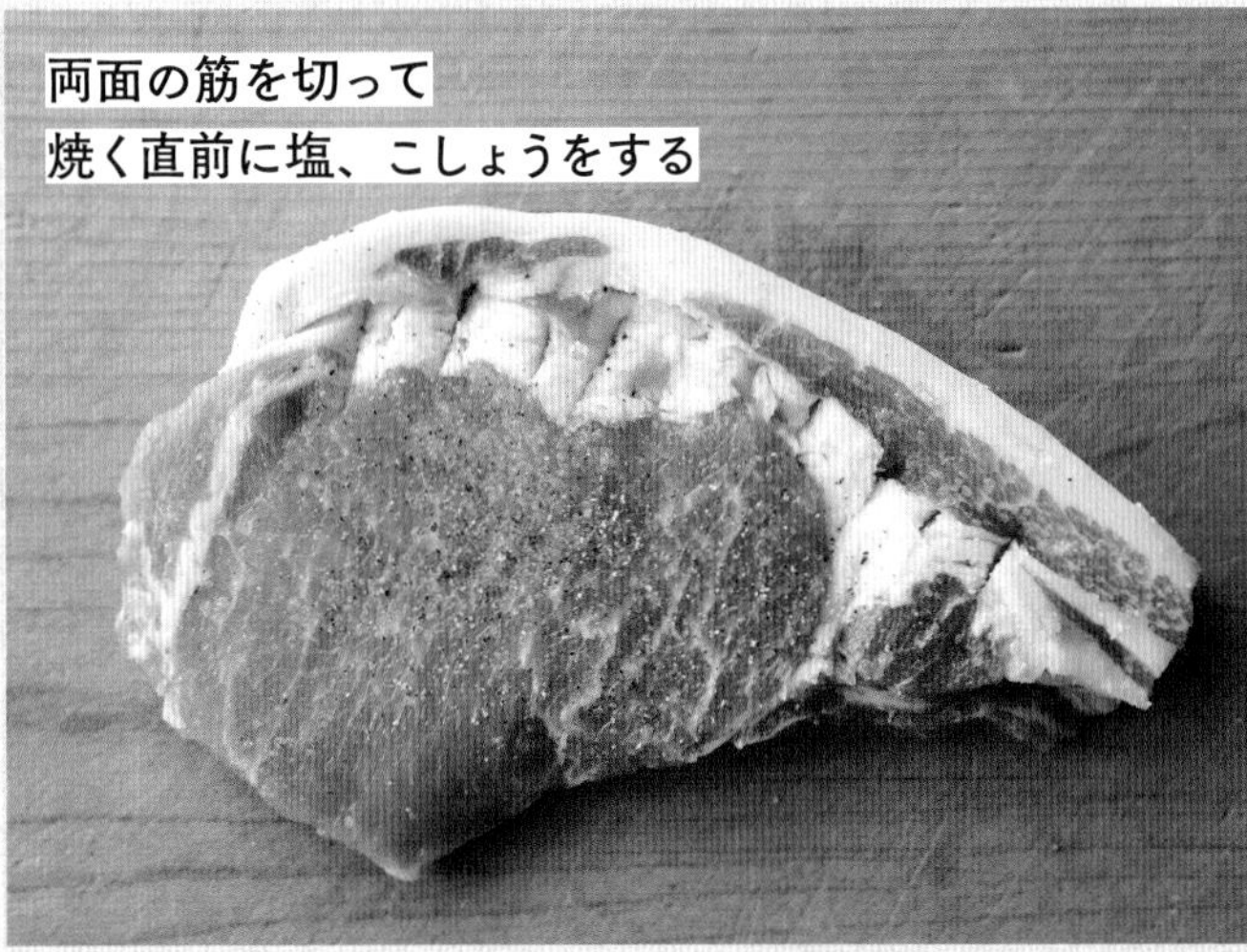
両面の筋を切って
焼く直前に塩、こしょうをする

脂身が周りについている豚ロース肉は、そのまま焼くと焼き縮んで反り返り、均一に火が入りません。ちょっとオーバーだなと思うほど、両面から1.5㎝間隔でしっかり切り目を入れてください。また、水分が出ないように塩、こしょうは焼く直前にします。

焼き加減は
時間を基準に

1.5㎝厚さの肉は中火で片面2分半〜3分が基準です。とはいえフライパンの大きさや材質によって多少変わります。返すタイミングは表面に水分が浮いてきて、厚みの半分まで白っぽくなるのが目安です。

オニオンナッツソース

アボカドとパクチーのソース

ほうれん草のガーリックオイル煮ソース

きのこバターソース

玉ねぎの甘みに
ナッツの香ばしさが
アクセント

オニオンナッツソース

材料（1人分）

玉ねぎ（5㎜幅に切る）……½個（100g）
ミックスナッツ（粗く刻む）……10g
オリーブ油……大さじ½
塩、こしょう……各適量

作り方

1 フライパンにオリーブ油を熱し、玉ねぎをしんなりするまで炒める。色づき始めたら塩ひとつまみ、こしょう少量をふって混ぜる。

2 肉にのせてミックスナッツを散らす。

mémo

炒めた玉ねぎにカレー粉、クミン、パプリカ、シナモンなど（すべて粉末）をひとふりしても。

クリーミーなアボカドが
パクチーの刺激ですっきり

アボカドとパクチーのソース

材料（1人分）

アボカド……小1個（120g）
パクチー（ざく切り）……約5g
レモン汁……小さじ1
塩、こしょう……各適量

作り方

1 ボウルにアボカドを入れてフォークでつぶし、レモン汁、塩ひとつまみ、こしょう少量を加えて混ぜる。

2 パクチーを加えて軽く混ぜ、肉にのせる。

mémo

余ったパクチーは刻んで冷凍できます。大葉や万能ねぎに替えてもおいしい。

香りよく炒めて
甘みを増したほうれん草が
豚肉と好相性

ほうれん草のガーリックオイル煮ソース

材料（1人分）

ほうれん草（5cm長さに切る）……1/2束（100g）
にんにく（みじん切り）……小1かけ
オリーブ油……大さじ1
塩、こしょう……各適量

作り方

1 ほうれん草は水に浸してパリッとさせ、水気をきる。

2 フライパンににんにく、オリーブ油を入れて熱し、香りが立って色づきはじめたら、ほうれん草を入れて強火で炒める。しんなりしたら塩ひとつまみ、こしょう少量をふって混ぜ、肉にのせる。

mémo
オリーブ油をバターに替えるとまろやかな仕上がりになります。

きのことバターの
かけ算で旨みたっぷり！

きのこバターソース

材料（1人分）

きのこ（しめじ、しいたけ、マッシュルームなど）……150g
バター……5g
塩、こしょう……各適量

作り方

1 きのこは石づきを切り、食べやすくほぐすか切る。

2 フライパンにバターを熱し、溶けて泡立ったら**1**を加え、少し水分が飛び色づくまで3〜4分炒める。塩ひとつまみ、こしょう少量をふって混ぜ、肉にのせる。

mémo
きのこは3種そろわなくてもOK。余ったら小分けにして冷凍もできます。

おいしい牛肉を少し食べたいときは、シンプルに焼くだけ。

焼くだけ焼くだけと連呼しますが、牛肉に関しては本当に焼くだけ。牛肉が食べたいと思うのは、ストレートに肉の味を堪能したいときです。そんなときはぜひ、自分だけのためにちょっと奮発して、上質なものを用意してシンプルに焼きましょう。

せっかくの牛肉を焼きすぎないためには、余熱も計算してください。フライパンではなく、皿の上でちょうどよい焼き加減になるつもりで火を入れましょう。

ステーキにするなら塩さえきちんとすれば仕上げに黒こしょうをふるくらいで十分。焼き肉用ならささっと焼いてフレッシュな野菜やチーズと、薄切り肉ならトマトとバターで1分もあればできます。ハンバーグはパックからそのまま焼くつなぎなしの100％牛ハンバーグに。ステーキがちょっと固いなと思ったら、斜めそぎ切りにして薄くすれば食べやすくなります。その日の気分で牛肉のおいしさを愉しんでください。

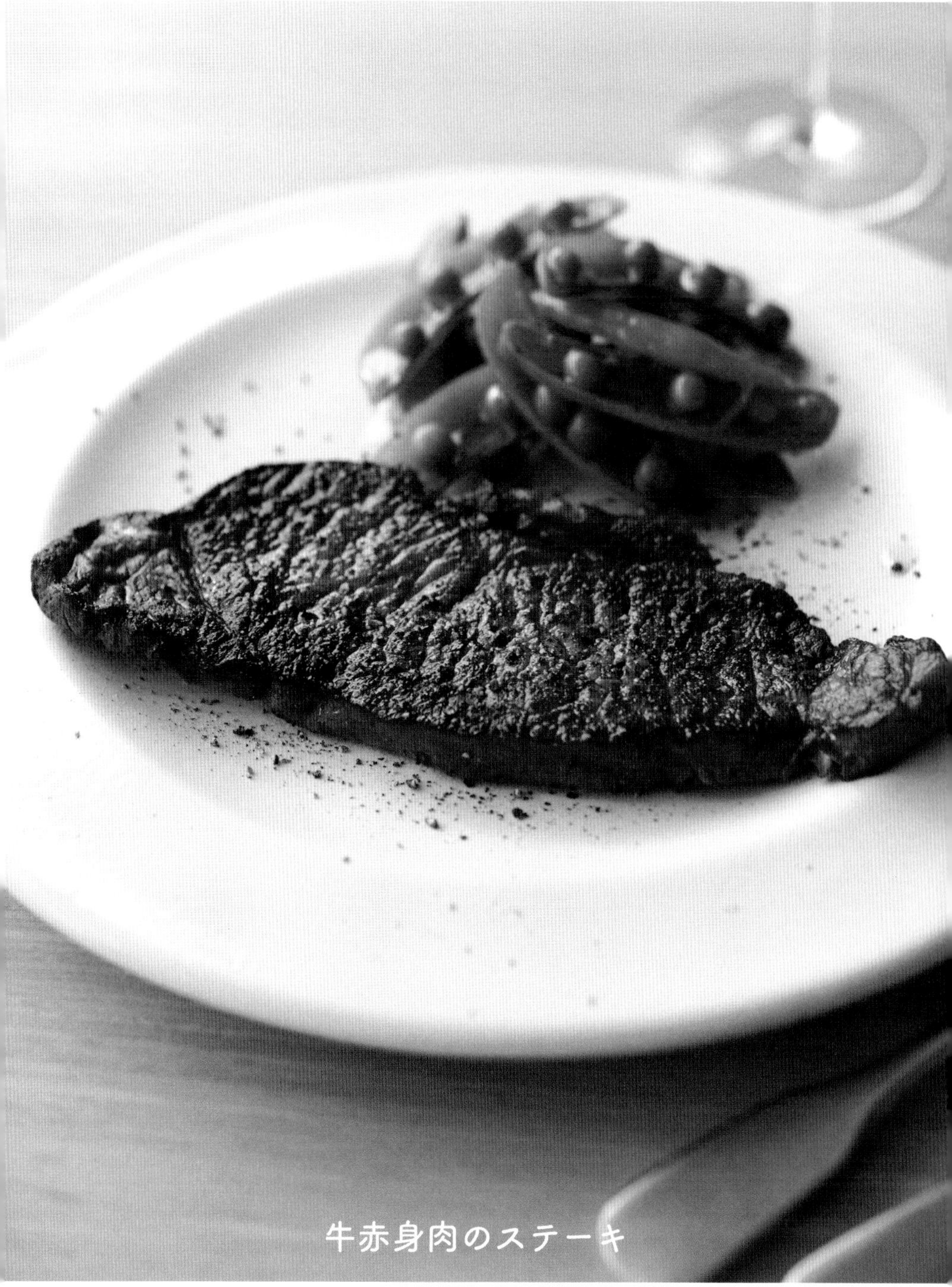

牛赤身肉のステーキ

牛赤身肉のステーキ

肉のおいしさを味わうには、塩とこしょうで十分。自分好みの焼き加減になるよう何度か試してみてください。

材料（1人分）

- 牛赤身肉（ステーキ用。1.5cm厚さ）……1枚
- サラダ油……小さじ1
- 塩、こしょう……各適量
- オリーブ油……少量
- 黒こしょう……適量
- スナップえんどう（さっと塩ゆでする）……6〜7本

作り方

1 牛赤身肉は常温にもどし、筋を両面から切る。焼く直前に塩ふたつまみ、こしょう少量をすり込む。

冷蔵庫から出して15分くらいおきます。

2 フライパンにサラダ油を熱し、**1**を中火で焼く。片面を1分半、裏返して1分半焼く。

片面1分半でミディアムレアに。

3 取り出してアルミ箔に包み、2〜3分おく。皿に盛ってオリーブ油と黒こしょうをかける。

【おいしく作るコツ】

Conseils pour bien cuisiner

両面の筋を切って 焼く直前に塩、こしょうをする

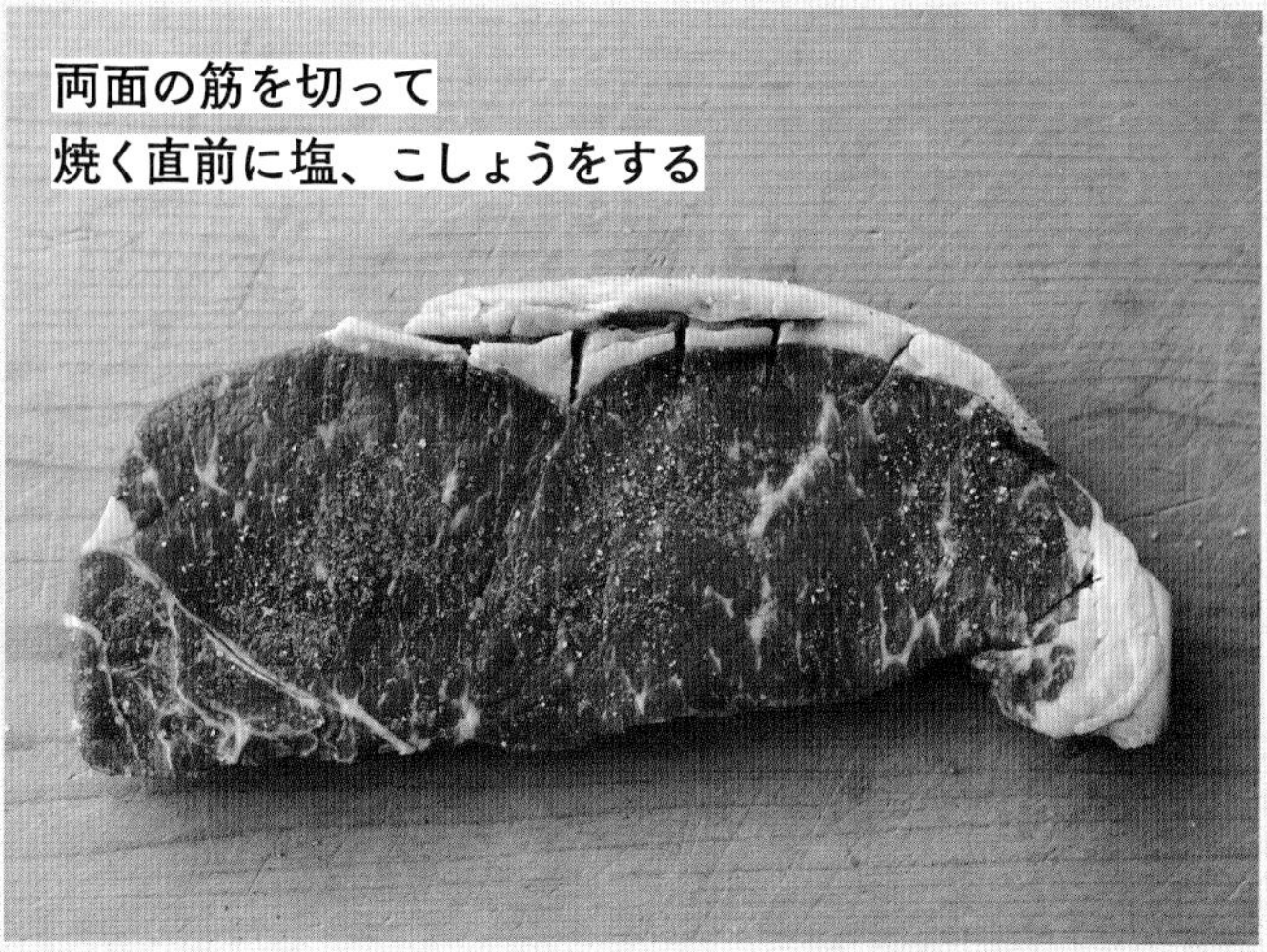

筋を切らないと焼き縮んで反り返り、均一に火が入りません。ちょっとオーバーだなと思うほど、両面から1.5㎝間隔でしっかり切り目を入れてください。また、水分が出ないように塩、こしょうは焼く直前にします。

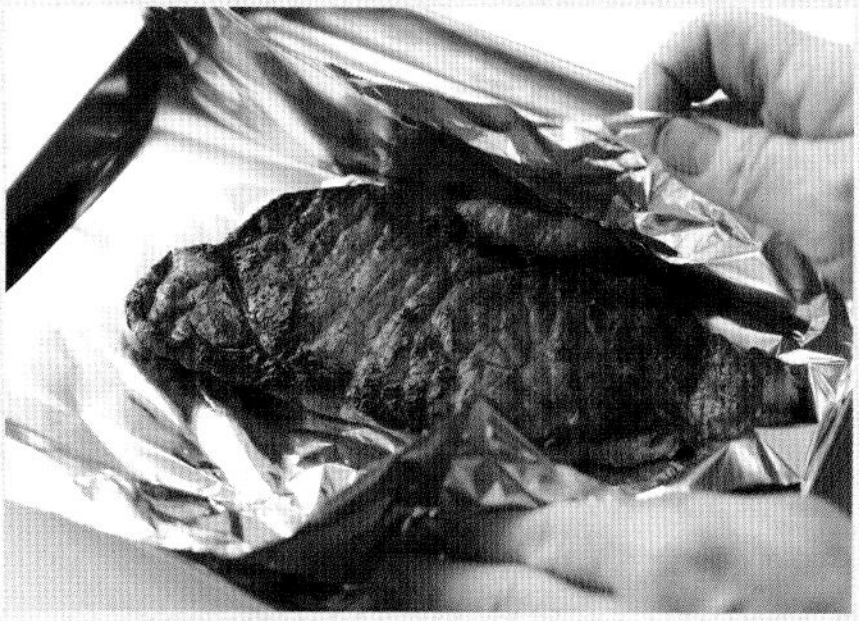

アルミ箔で包んで 落ち着かせる

焼き上がった状態のままにすると、肉の熱が外に逃げてしまいます。アルミ箔で包むと、熱が内側に入り、ちょうどよいロゼの焼き具合になります。

65ページと同様に
ステーキ用肉を焼き、
薄くそぎ切りにしても。

焼き肉用赤身肉の両面をパパッと焼くと、さながら一人分のローストビーフのよう。たっぷりの野菜とチーズでもりもりいただけます。

牛赤身肉のさっと焼き タリアータ風

材料（1人分）

- 牛赤身肉（焼き肉用）……150g
- ベビーリーフ……½パック
- ルッコラ（あれば）……適量
- パルミジャーノチーズ（かたまり）……適量
- オリーブ油……適量
- 塩、こしょう……各適量

作り方

1 牛赤身肉に塩ふたつまみ、こしょう少量を軽くもみ込む。フライパンにオリーブ油小さじ1を熱し、強めの中火で片面を15～20秒ずつ焼いて取り出す。

2 皿にベビーリーフを広げて**1**をのせ、パルミジャーノチーズを削りかけてルッコラを散らし、オリーブ油少量をまわしかける。

牛丼、すき焼きにしがちな薄切り肉がご飯、パスタ、パンに合うおかずに。トマトとバターで酸味、甘み、コクをプラスして。

牛薄切り肉とトマトのバターソテー

材料（1人分）

牛薄切り肉……100g
トマト（くし形切り）……1個（150g）
バター……5g
大葉……3枚
塩、こしょう……各適量

大葉の代わりにバジルやみょうが、万能ねぎでも。

作り方

1 牛薄切り肉に塩ふたつまみ、こしょう少量を軽くからめる。

2 フライパンにバターを入れて火にかけ、溶けて泡立ったら**1**を広げ、中火で両面をさっと焼いて取り出す。

3 **2**のフライパンにトマトを入れて軽くくずれるまで炒め、牛肉を戻して炒め混ぜる。火を止めて大葉をちぎり入れ、軽く混ぜる。

牛肉のおいしさをストレートに味わえる100%牛ハンバーグは大人の贅沢。ちょっと奮発して上質なひき肉を手に入れてください。

つなぎなしの牛100%ハンバーグ

材料(1人分)

牛赤身ひき肉……100g
じゃがいも……小2個(120g)
サラダ油……小さじ2
塩、こしょう……各適量
クレソン……適量
マスタード……少量

上質なものが手に入らなければ、薄切り肉や、かたまり肉を刻んでも。

手に取って軽く形作るだけ

何も混ぜずに作るので、練る必要もありません。パックから手に取って軽く形作るだけでOK。

作り方

1 じゃがいもは皮ごと洗ってラップで包み、柔らかくなるまでレンジで加熱する。粗熱を取ってラップごと手の平で押さえて軽くつぶす。フライパンにサラダ油小さじ1を熱し、じゃがいもの両面をこんがり焼いて皿に盛り、塩ひとつまみ、こしょう少量をふる。

2 牛赤身ひき肉は塩ひとつまみ、こしょう少量をふって手に取り、裏面にも塩ひとつまみ、こしょう少量をふって軽く形作る。

3 残りのサラダ油を熱し、**2**を片面2分ずつを目安に両面焼き色がつくまで焼く。

ヘルシーな鶏むね肉もちょっと工夫して焼くだけ。

体のことを気遣いはじめたら、高たんぱく低カロリーな鶏むね肉が気になります。おなじみの蒸し煮やサラダチキンもいいのですが、淡泊すぎて物足りなくなることも。ひと工夫（ひと手間ではありません）する、ミニマルな鶏むね肉料理をご紹介します。

火を入れすぎないことが大前提ですが、チーズやアボカドなどねっとりとしてコクのある素材と合わせたり、ムニエルにして水分を閉じ込めたりすることでパサつきをカバーします。

鶏むね肉は１枚２５０～３００gほどの大きさ。１人分には大きすぎるので、下の写真のように厚みを半分にしましょう。残ったものは98ページを参照して保存すると、日持ちするうえにしっとりと仕上がり、おいしく使い切れます。

厚みを半分に切ると短時間でしっとり

鶏むね肉は短時間で火を入れてしっとり仕上げるため、厚みを半分に切ります。１人分 $\frac{1}{2}$ 枚使い、残りは 98 ページを参照して塩糖水に漬けると４～５日は持ちます。漬けたものは塩をすり込まずに調理してください。

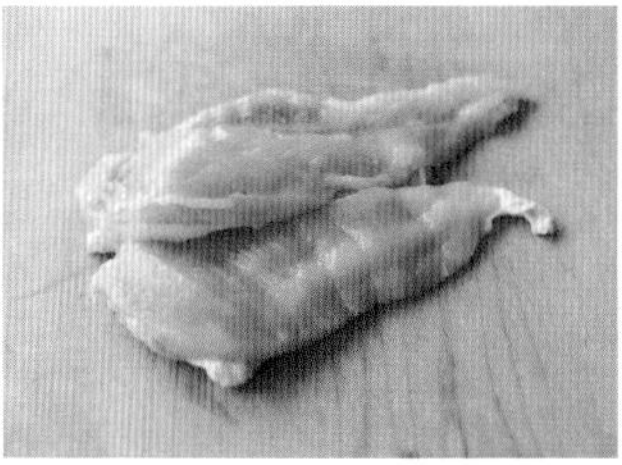

鶏むね肉のクロックムッシュ風

食パンを鶏むね肉に替えてメインディッシュにすると、たんぱく質、カルシウムもしっかりとれます。焼きトマトをソースにするのもおすすめ。

鶏むね肉のクロックムッシュ風

材料（1人分）

- 鶏むね肉（厚みを半分にしたもの）……1枚（120〜150g）
- ハム……2枚
- チーズ（溶けるタイプ）……30g
- プチトマト……5個
- オリーブ油……小さじ1強
- 塩、こしょう……各適量
- 黒こしょう……適量
- イタリアンパセリ……少量

作り方

1 鶏むね肉はラップで挟み、厚い部分を麺棒などでたたいて厚みを均一にする。塩ふたつまみ、こしょう少量をすり込む。

2 フライパンにオリーブ油少量を熱し、プチトマトを中火で2分転がしながら焼く。塩少量をふって皿に盛る。

3 フライパンにオリーブ油小さじ1を熱し、**1**を約1分半中火で焼く。火を止めて裏返し、ハム、チーズを順に重ねて再び中火にかけて蓋をする。約1分半、チーズが溶けるまで焼き、**2**の皿に盛って黒こしょうをふる。

mémo

ハムとチーズの間にハーブ（バジル、オレガノなど）、スパイス（クミンなど）を散らすのもおすすめ。

ねっとりコクのあるアボカドと
あっさり鶏むね肉を一緒に食べると、口の中で
とろりとからまって新しいおいしさに出合えます。

鶏むね肉とアボカドのガーリックソテー

材料（1人分）

鶏むね肉（厚みを半分にして一口大に切る）……120〜150g（½枚分）
アボカド（一口大に切る）……小1個（120g）
にんにく（薄切り）……小1かけ
オリーブ油……大さじ½
塩、こしょう……各適量
フランスパン……適量

作り方

1 鶏むね肉に塩ふたつまみ、こしょう少量をすり込む。

2 フライパンにオリーブ油、にんにくを入れて香りが立つまで熱し、**1**を約3分中火で炒める。

3 アボカドを加えて混ぜ、軽く温まったら塩ひとつまみ、こしょう少量をふって混ぜる。

ムニエルというと魚料理を想像しますが、淡泊な鶏むね肉にも向いています。
バターのコクがプラスされ、食べ応えのあるひと皿に。

鶏むね肉のムニエル サラダ添え

材料（1人分）

鶏むね肉（厚みを半分にしたもの）……1枚（120～150g）
小麦粉……適量
バター……5g
オリーブ油……大さじ1/2
グリーンサラダ*……適量
レモン（くし形切り）……適量
塩、こしょう……各適量

*グリーンカール、サニーレタスなどを食べやすくちぎり、酢、塩、こしょう、オリーブ油各適量で和える。

作り方

1 鶏むね肉は塩ふたつまみ、こしょう少量をすり込み、小麦粉を薄くつける。

2 フライパンにバター、オリーブ油を熱し、中火でバターが泡立ってきたら**1**を入れて弱めの中火にする。ときどきスプーンでバターをかけながら片面を約2分ずつ焼く。

3 皿に盛ってグリーンサラダとレモンを添える。

mémo
フライパンに残った油もおいしいので、盛りつけたあとお好みで上からかけても。

魚介は小さなフライパンさえあればおしゃれフレンチになります。

こう言ってはなんですが、フランス人はあまり魚を食べません。日本のようにおいしい魚がすぐ手に入るわけではなかったので、肉に比べて定番料理も少なめです。だからといって日本の豊かな魚介を見逃す手はありませんから、ミニマルレシピで愉しみましょう。基本的には切り身を使いますので、1人分は直径20㎝の小さなフライパンがあれば大丈夫です。

魚を調理するときにいちばん気になるのは臭みです。肉と同じく魚も最初に塩をしっかりすり込みますが、このときの塩の量が少し多め。肉は120gにふたつまみ（約1g）でしたが、魚は100g（切り身はだいたいこのくらい）に小さじ¼（約1・25g）。なぜ多めかというと、塩をすり込んで5分ほどおいてから流水でさっと洗い流すからです。洗い流すというレシピはあまり見かけませんが、ペーパータオルで拭くよりも、表面に浮き出てきた臭みがきちんと落ちます。同時に味も入るので味つけもそこで完了です。

魚には少し
多めの塩をすり込みます

小さなフライパンと
蓋があれば最強！

魚はフライパンでさっと焼くだけで新しい味に出合えます。

魚に塩をしてフライパンでさっと焼くだけということは、つまり焼き魚です。それなのにきちんとフランスのビストロ風に仕上がるのは、ソースや野菜の付け合わせのおかげ。どちらも身近な材料を使った簡単なものですが、焼き魚の新たなおいしさに気づかされます。

焼いた魚を生またはゆでた野菜とともにソースで食べると、魚、野菜、ソースが口の中で混ざり、ふだんの焼き魚では経験できない新しい味に出合えます。ひと工夫した野菜の付け合わせも同じこと。焼いたトマトやマッシュポテトを魚にちょっとのせて食べると、これまでの食事でどうしてこのように食べなかったのかと悔やむほどのおいしさです。最初は魚だけ、次にちょっとソースをつけて、そして野菜と一緒にといった具合に、ひと皿を存分に愉しんでください。

ぶりのソテー
ハニーバルサミコソース 生小松菜のサラダ添え

ぶりのソテー ハニーバルサミコソース 生小松菜のサラダ添え

生の小松菜はクセがないだけでなくみずみずしくて美味。
脂の多いぶりとも相性がよく、
こっくりとしたソースでたっぷり食べられます。

小松菜の代わりにサラダほうれん草もおすすめ。

材料（1人分）

- ぶり……1切れ
- 小松菜（3〜4cm長さに切る）……80g
- サラダ油……小さじ1
- 塩、こしょう……各適量

【ハニーバルサミコソース】
- はちみつ……大さじ½
- バルサミコ酢……大さじ1
- オリーブ油……大さじ1
- 塩……ふたつまみ
- こしょう……少量

小松菜の水気はサラダスピナーなどでしっかりきります。

作り方

1 ぶりに塩小さじ¼をすり込み5分おく。流水でさっと流してペーパータオルで水気を拭き、こしょう少量をふる。小松菜は皿に広げる。

2 フライパンにサラダ油を熱し、**1**のぶりを中火で片面約2分ずつ焼く。**1**の皿にのせる。

3 フライパンをペーパータオルで拭き、ハニーバルサミコソースの材料を入れて中火にかける。混ぜながら煮立たせ、**2**の皿全体にかける。

あっさりとした白身魚には、
アクセントになるケッパーで簡単ソースを。
かぶは生でも食べられるので、お好みの焼き具合でどうぞ。

白身魚と焼きかぶのケッパーソース

材料（1人分）

白身魚（鯛など）……1切れ
かぶ（茎を残してくし形に切る）……1個
オリーブ油……大さじ½
塩、こしょう……各適量

【ケッパーソース】
ケッパー（酢漬け。粗く刻む）……小さじ2
レモン汁（または酢）……小さじ1
オリーブ油……小さじ2
塩、こしょう……各適量

作り方

1 白身魚に塩小さじ¼をすり込み5分おく。流水でさっと流してペーパータオルで水気を拭き、こしょう少量をふる。ボウルにケッパーソースの材料を混ぜる。

2 フライパンにオリーブ油大さじ¼を熱し、かぶを全面こんがり焼いて皿に盛る。

3 フライパンをペーパータオルで拭き、残りのオリーブ油を熱する。**1**の魚を皮目を下にして、中火で約3分焼き、裏返して1～2分焼く。**2**の皿にのせてソースをかける。

魚にこしょうをするときに、コリアンダーパウダーやクミンパウダーをふっても。

サーモンとゆでキャベツのレモンマヨネーズ

キャベツの甘みやサーモンのコクにレモンマヨネーズが好相性。
食卓が明るくなる彩りのよい組み合わせです。

材料（1人分）

サーモン（または生鮭）……1切れ
キャベツ（一口大に切る）……100g
水……約100mℓ
サラダ油……小さじ1
塩、こしょう……各適量
【レモンマヨネーズ】
マヨネーズ……大さじ1½
レモン汁……小さじ1
レモンの皮（すりおろす）……少量
塩、こしょう……各少量

mémo
キャベツの代わりにスナップえんどうやグリーンアスパラガスなどもおすすめ。

作り方

1 サーモンに塩小さじ¼をすり込み5分おく。流水でさっと洗い流してペーパータオルで水気を拭き、こしょう少量をふる。ボウルにレモンマヨネーズの材料を混ぜる。

2 フライパンにキャベツ、水を加えて蓋をし、中火にかける。煮立って約1分たったらざるに上げて水気をきり、皿に盛って塩少量をふる。

3 フライパンの水分を飛ばしてサラダ油を熱し、**1**のサーモンを中火で焼く。片面2分～2分半ずつ焼いて**2**の皿に盛り、レモンマヨネーズを添える。

粉でコーティングしてふっくら。
カレー風味を堪能したあとは、
焼きトマトをくずしてソース代わりにどうぞ。

さわらのカレームニエル焼きトマト添え

材料（1人分）

さわら……1切れ
カレー粉……小さじ½
小麦粉……適量
トマト（横半分に切る）……小1個
オリーブ油……大さじ1
塩、こしょう……各適量

作り方

1 さわらに塩小さじ¼をすり込み5分おく。流水でさっと流してペーパータオルで水気を拭き、こしょう少量、カレー粉を全体にふる。

2 フライパンにオリーブ油小さじ1を熱し、トマトの切り口を下にして中火で焼く。焼き色がついたら皿に盛る。

3 フライパンをペーパータオルで拭き、残りのオリーブ油を熱する。**1**に小麦粉を薄くつけて弱めの中火で焼く。片面2分〜2分半ずつ焼いて**2**の皿に盛る。

ムニエルにしてカリッと香ばしいあじと、
まろやかなマッシュポテトの
食感のコントラストが楽しい！
オリーブ油を
バターに替えると
コクが増します。

あじのムニエル 簡単マッシュポテト添え

材料（1人分）

あじ（3枚におろしたもの）……1尾
小麦粉……適量
じゃがいも（いちょう切り）……1個
牛乳……大さじ1½～2
オリーブ油……適量
塩、こしょう……各適量

作り方

1 あじに塩小さじ¼をすり込み5分おく。流水でさっと流してペーパータオルで水気を拭き、こしょう少量をふる。

2 フライパンにじゃがいも、水100㎖（分量外）を入れて蓋をして火にかけて蒸し煮し、柔らかくなったら水分を飛ばしてつぶす。牛乳を入れて混ぜ、塩、こしょう各適量で味をととのえて皿に盛る。くぼみをつけてオリーブ油適量を注ぐ。

3 フライパンをペーパータオルで拭き、オリーブ油小さじ**1**を入れて熱する。**1**に薄く小麦粉をつけて片面を1分～1分半ずつこんがり焼き、**2**の皿に盛る。

牡蠣特有の旨みやクセを引き立てるベーコンとほうれん草で、
味も栄養もバランスの取れたひと皿です。

牡蠣とベーコンのソテー　ほうれん草添え

材料（1人分）

牡蠣……中8粒（100～120g）
片栗粉……小さじ2
ベーコン（5㎜角の棒状に切る）……30g
ほうれん草（4～5㎝長さに切る）……100g
にんにく（みじん切り）……小さじ1
オリーブ油……大さじ1弱
塩、こしょう……各適量
フランスパン……適量

できれば
かたまりがおすすめ。

mémo
牡蠣は水分が多いので先に塩をせず、最後に味をととのえます。

作り方

1 牡蠣は片栗粉をふって全体にからめ、汚れが出たら流水で洗ってペーパータオルで水気を拭く。ほうれん草は水に浸してシャキッとさせ、水気をよくきる。

2 フライパンににんにく、オリーブ油大さじ½を熱し、香りが立ったら中火で**1**のほうれん草を入れ、蓋をする。軽くしんなりしたら全体に混ぜ、塩ひとつまみ、こしょう少量をふって混ぜ、皿に盛る。

3 フライパンをペーパータオルで拭いて残りのオリーブ油を熱し、ベーコンを中火で軽く炒める。**1**の牡蠣を加えてぷっくりふくらみ、全体に軽く焼き色がつくまで2～3分焼く。塩ひとつまみ、こしょう少量をふって混ぜ、味をととのえて**2**にのせる。

蓋をしてさっと蒸し煮するだけで魚の旨みが広がります。

魚はフライパンとぴったり閉じられる蓋さえあれば、蒸し煮にすると魚の旨みで煮汁や野菜がぐっとおいしくなります。ぴったりの蓋は蒸気を逃がさないため。水分が減って焦げるのを防ぎます。蓋がぴったり合わず蒸気が漏れてしまう場合は、途中で様子をみて水が足りないようならば足してください。

和食でも焼き魚に比べて煮魚は鮮度が命。ましてや醤油を使わないミニマルレシピでは、臭みは大敵です。最初にお伝えした通り、塩をすり込んだあとしばらくおき、流水で洗い流すことだけは省略せずに行ってください。料理にもよりますが、臭みがなく旨みたっぷりの煮汁にパスタやクスクス、ご飯を添えると最後までおいしく食べられます。トマトや生クリーム、スパイスのきいたものは特におすすめ。これもミニマルレシピならではの魚の食べ方です。

たらとレタスのレモン蒸し

おいしい煮汁でさっとひと煮したレタスは
シャキシャキとした食感が持ち味。
食欲が落ちる日にもあっさり食べられます。

たらとレタスのレモン蒸し

材料（1人分）

- たら（生）……1切れ
- レタス（食べやすくちぎる）……100g
- Ⓐ
  - レモン（輪切り）……1枚
  - 白ワイン……50mℓ
- オリーブ油……小さじ1
- 塩、こしょう……各適量

作り方

たらは柔らかいので
塩をすり込むときは
注意しましょう。

1 たらに塩小さじ1/4をそっとすり込み5分おく。流水でさっと流してペーパータオルで水気を拭き、こしょう少量をふる。レタスは水に浸してパリッとさせ、水気をきる。

2 フライパンに**1**のたら、Ⓐを入れて蓋をし、中火にかける。煮立ったら3〜4分蒸し煮して魚を皿に盛り、煮汁はフライパンに残す。

3 **2**のフライパンに**1**のレタスを入れて蓋をし、中火で約1分軽くしんなりするまで蒸し煮する。塩、こしょうで味をととのえ、**2**の皿に盛る。

たらとじゃがいもの定番コンビを
あっさりとした蒸し煮にしました。
野菜と魚のやさしい旨みがしみわたります。

たらとじゃがいもの蒸し煮

材料（1人分）

たら（生）……1切れ
じゃがいも（5㎜厚さのいちょう切り）……1個
Ⓐ
玉ねぎ（薄切り）……½個
水……100㎖
オリーブ油……大さじ½
白ワイン……50㎖
塩、こしょう……各適量
ディル（あれば）……少量

作り方

1 たらに塩小さじ¼をそっとすり込み5分おく。流水でさっと流してペーパータオルで水気を拭き、こしょう少量をふる。

2 フライパンにⒶを入れて蓋をし、火にかける。煮立ったら弱めの中火にして約5分じゃがいもが柔らかくなるまで蒸し煮する。

3 **1**、白ワインを加えて蓋をし、2〜3分蒸し煮する。蓋を取って軽く煮詰め、塩、こしょうで味をととのえる。

魚はフライパンで蒸し煮するだけ　Poisson cuit à la vapeur

おなじみアクアパッツァも１人分なら
小さなフライパンで十分。
翌日、余った煮汁とご飯でリゾット風にしても。

白身魚のアクアパッツァ

材料（１人分）

白身魚（鯛など）……１切れ
トマト（２㎝角に切る）……１個
玉ねぎ（薄切り）……¼個
にんにく（薄切り）……小１かけ
オリーブ……５粒
オリーブ油……大さじ１
水……50㎖
塩、こしょう……各適量

作り方

1 白身魚に塩小さじ¼をすり込み５分おく。流水でさっと流してペーパータオルで水気を拭き、こしょう少量をふる。

2 フライパンにオリーブ油を入れ、玉ねぎ、にんにくを広げて**1**をのせ、トマト、オリーブを散らして中火にかける。

3 温まったら水を加えて蓋をし、４〜５分蒸し煮する。蓋を取って軽く煮詰め、塩、こしょうで味をととのえる。

生クリームとトマトが一体となり、
まろやかでキレのあるソースが淡泊なかじきを引き立てます。

かじきのトマトクリーム煮

材料（1人分）

かじき……1切れ
玉ねぎ（薄切り）……1/4個
しめじ（石づきを切ってほぐす）……100g
トマトの水煮（ダイスカット缶）……1/2缶（200g）
水……大さじ2
オリーブ油……大さじ1/2
生クリーム……50㎖
塩、こしょう……各適量
ロングパスタ（表示通りゆでる）……乾燥で50g

作り方

1 かじきに塩小さじ1/4をすり込み5分おく。流水でさっと流してペーパータオルで水気を拭き、こしょう少量をふる。

2 フライパンにオリーブ油を熱し、玉ねぎ、しめじを中火で炒める。しんなりしたらトマトの水煮、水を加えてひと煮立ちさせる。

3 **1**を加えて蓋をし、焦がさないように3〜4分煮る。生クリームを加え、軽く混ぜて蓋なしでひと煮立ちさせ、塩、こしょうで味をととのえる。

野菜や魚の旨みとスパイスでゆっくり蒸し煮にして仕上げるタジン風。クスクス以外にご飯やパンを合わせても。

さばとパプリカのタジン風

材料（1人分）

さば……1切れ（約100g）
パプリカ（1cm幅に切る）……1/2個
玉ねぎ（薄切り）……1/4個
にんにく（みじん切り）……小さじ1/2
生姜（みじん切り）……小さじ1
Ⓐ
クミンパウダー……小さじ1/2
コリアンダーパウダー……小さじ1
カイエンヌペッパー（または一味唐辛子）……少量
水……100mℓ
オリーブ油……大さじ1
塩、こしょう……各適量
クスクス（粒状のパスタ。下参照）……乾燥で50g

作り方

1 さばに塩小さじ1/4をすり込み5分おく。流水でさっと流してペーパータオルで水気を拭き、こしょう少量をふる。

2 フライパンにオリーブ油小さじ1を熱し、**1**の皮目から中火で焼き、両面に軽く焼き色がついたら取り出す。

3 フライパンをペーパータオルで拭き、残りのオリーブ油、にんにく、生姜を入れて火にかける。香りが立ったらパプリカ、玉ねぎを中火でしんなりするまで炒め、Ⓐを加えて混ぜ、水、**2**を加えて蓋をし、約4分煮る。塩、こしょうで味をととのえる。

レンジで簡単クスクス

電子レンジで手軽に作れるクスクスを常備しておくと便利です。

作り方

1 耐熱ボウルにクスクスと同量の熱湯を入れ、しばらくおく。

2 オリーブ油小さじ1を加えて混ぜ、ふんわりラップをして電子レンジで1分加熱してほぐす。

牡蠣の旨みたっぷりの煮汁を吸ったご飯が絶品！
生クリームを牛乳に替えるとあっさりとした仕上がりに。

牡蠣のクリーム煮 リゾット風

材料（1人分）

牡蠣……中8粒（100〜120g）

海老やベビー帆立でも美味。

片栗粉……小さじ2
白ワイン……50mℓ
長ねぎ（5㎜幅の斜め切り）……1本
水……60〜70mℓ
生クリーム……50mℓ
ご飯……100g
塩、こしょう……各適量

作り方

1 牡蠣は片栗粉を全体にからめ、汚れが出たら流水で洗って水気をきる。

2 フライパンに**1**、白ワインを入れて中火にかけ、煮立ったら約1分半煮て牡蠣のみを取り出す。

3 長ねぎ、水を加えて蓋をし、2〜3分蒸し煮する。蓋を取って生クリーム、ご飯を加えてさっと煮て、**2**の牡蠣を戻し入れて塩ふたつまみ、こしょう適量を加えて混ぜ、味をととのえる。

香味野菜のビネグレットソースをかけた
マリネ風のさっぱりとしたひと皿。
おつまみとしてもおすすめです。

いかのワイン蒸し刻み野菜のビネグレット

材料（1人分）

いか（輪切り）……100g
白ワイン……50mℓ
オリーブ油……小さじ1
【刻み野菜のビネグレット】
玉ねぎ（ごく薄切り）……20g
にんじん（細切り）……20g
セロリ（薄切り）……20g
酢……大さじ1
オリーブ油……大さじ1
塩……ひとつまみ
こしょう……少量
セロリの葉……適量

いかを炒めてからすべて合わせてマリネにするとコクが出ます。

作り方

1 刻み野菜のビネグレットの材料すべてを混ぜる。

2 フライパンにいか、白ワイン、オリーブ油を入れて蓋をし、中火にかける。煮立ったら30秒〜1分蒸し煮し、軽く汁気をきって皿に盛り、**1**をかける。

肉もOK!

魚を保存できる「塩糖水」はミニマルレシピの味方です。

魚は食べたいものが決まっていても、必ずしもお店に並ぶわけではありません。逆に今日は肉の気分だなと思っていても、新鮮でおいしそうな魚に出合う日も。そんなときは塩糖水に漬ければ翌々日まで日持ちしますので、諦めないで購入してください。

塩糖水とは、塩（粗塩）と砂糖を水に溶かしたもの。保存できるだけでなく、しっとりと仕上がり臭みも取れます。中までしっかり塩味が入るので、ミニマルレシピの作り方と同様、最後に味の調整をするだけで大丈夫。2切れ入りのパックを買ってもおいしく食べ切れます。

もちろん肉も漬けられます。パサつきがちな鶏むね肉や鶏ささみ肉、豚もも肉なども3時間～半日漬ければ中まで塩が入り、しっとり柔らかく料理できます。

塩糖水の分量

肉や魚200～300gに対して

塩　小さじ2/3（約3g）

砂糖　大さじ1/2（約5g）

水　100㎖

【漬ける】

塩糖水を作る

ポリ袋に塩、砂糖、水を入れて巾着状に上部を寄せ、袋をふって溶かします。袋に少し空気が入っているとふりやすい。

塩糖水に漬ける

魚や肉を入れて全体に液が浸かるようにならし、空気を抜いて冷蔵庫に入れます。バットにのせておくと安心。魚は2~3日、肉なら4~5日保存可能です。

【使う】

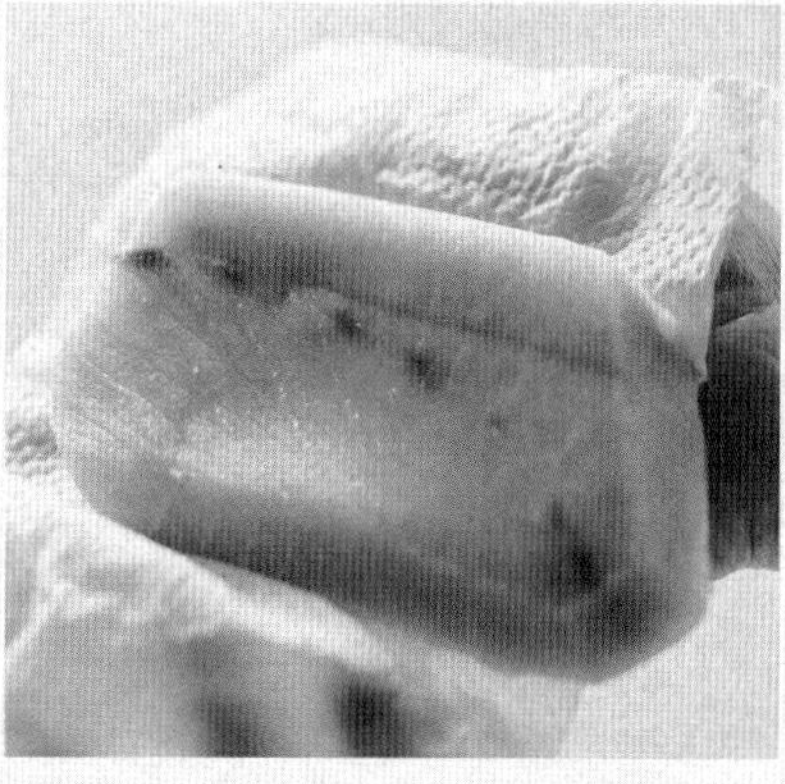

水気をしっかり拭く

焼く場合は焼き色がきれいにつくように、ペーパータオルでしっかり拭いてから調理してください。煮る場合は軽く水気をきる程度で大丈夫。塩をすり込んだ状態と同じなので、本書のレシピにある最初の塩は不要です。

塩糖水漬けに向く魚

塩糖水漬けに向くのは脂肪分が少なめで、パサつきがちな魚です。ふっくらとおいしくなるので保存のためだけでなく、その日のうちに食べる場合でも漬けておくとおいしくなります。あじやいわし、さばは鮮度が落ちるスピードが速く、水分量も多めなのでおすすめしません。

たら

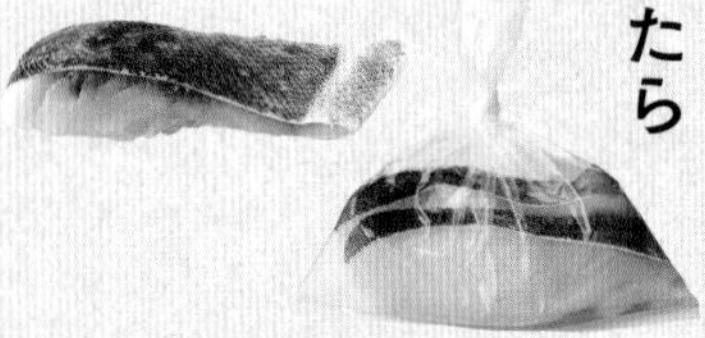

身が柔らかく淡泊。甘塩だらと生だらがありますが、塩糖水漬けには生を。水分は多めで傷みやすいので買ってきたらすぐに漬けましょう。

鯛

高たんぱくで脂肪が少なく、上品な味わいが魅力。流通している鯛だけでも20種ほどありますが、よく目にするのは真鯛です。

ぶり

身が締まった寒さの厳しい時期が旬の天然ものと、安定した脂ののりでほぼ通年流通する養殖ものがあり、どちらも塩糖水漬けに向きます。

さわら

適度な脂があり、身が柔らかい。地方にもよりますが、50㎝以下を「さごち」、それ以上を「さわら」と呼びます。

かじき

まぐろに似た食感と味わい。左ページのようにツナ仕立てにしておくと、メインにも前菜にも便利に使えます。

鮭（サーモン）

紅鮭は秋、銀鮭は春から夏にかけて流通。塩糖水に漬けると鮭特有の臭みが消えて料理の幅が広がります。生クリームやトマトとも好相性。

かじきの自家製ツナ

スペインバルのおつまみのような主役級の仕上がりです。レモンやローリエで風味づけしているので、そのままメイン料理に、カットしてサラダやパスタにしても楽しめます。

材料（作りやすい量）

かじきの塩糖水漬け……2切れ（200g）
オリーブ油……大さじ2
レモン（輪切り）……2枚
ローリエ……1枚

作り方

1 かじきの塩糖水漬けは水気をきり、小鍋に残りの材料とともに入れる。かぶる程度の水（分量外）を加えて弱火にかける。

ゆで汁ごと冷蔵庫で5日間日持ちします。

2 沸いたら1～2分加熱し、火を止めてそのまま冷ます。

＊厚みによって加熱時間を調整してください。1cm1分、2cm2分が目安。

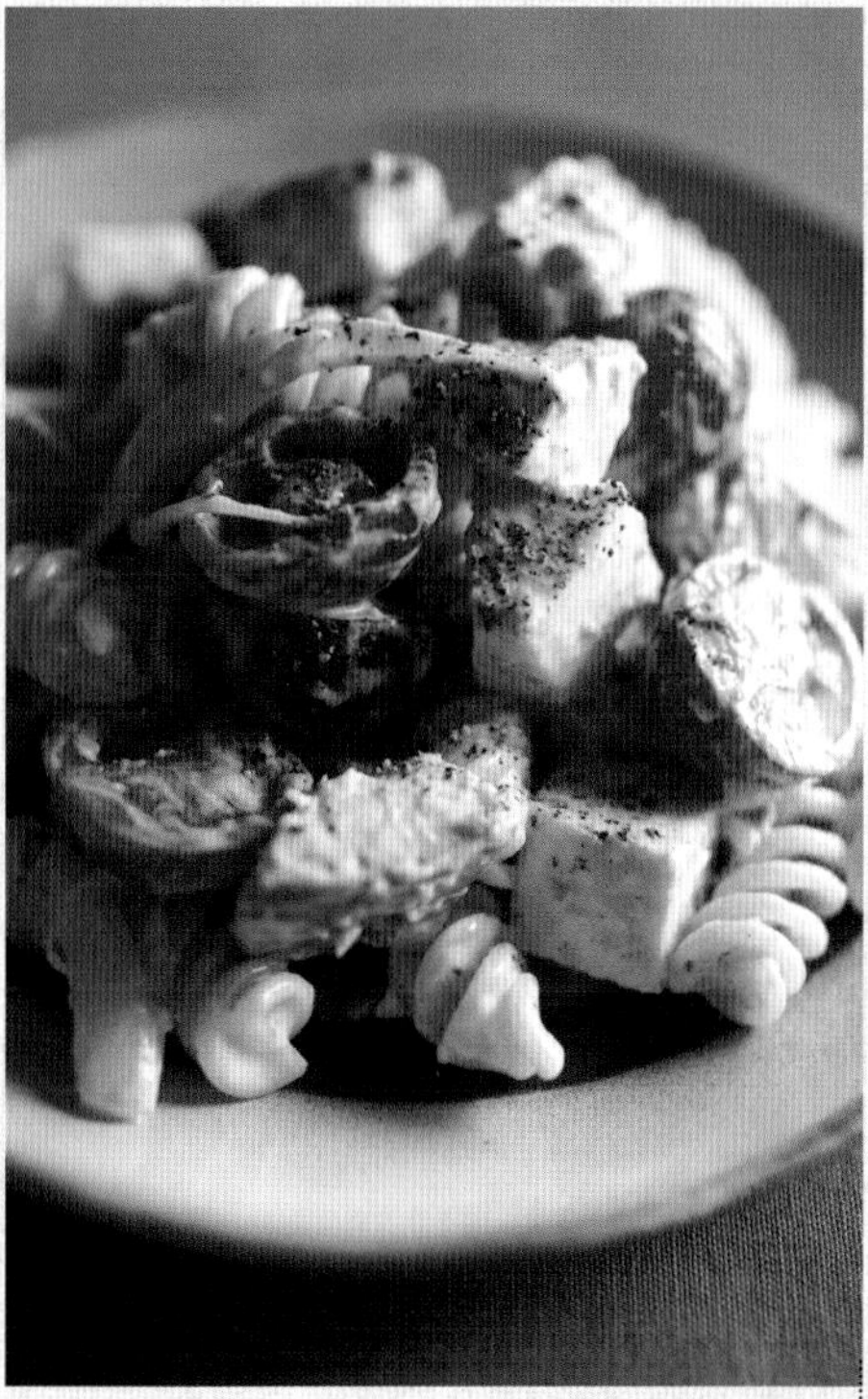

かじきの自家製ツナで

ツナのパスタサラダ

しっとりとしたかじきの自家製ツナがざくざく入ったパスタサラダはメインにも前菜にも。＊玉ねぎやプチトマト、アボカドとともにヨーグルトマヨソース（左）で和えて黒こしょうで仕上げています。

＊ごく薄く切って塩少量をふり、水気が出るまでもみ、水に5分浸す。再びよくもんで水気をギュッと絞る。

ヨーグルトマヨソース（材料と作り方）

プレーンヨーグルトとマヨネーズを同量合わせて混ぜ、塩、こしょうで味をととのえる。

実は究極のミニマル料理はオーブン焼きです。

ここまでのレシピはすべてフライパンのみで作るものでしたが、実はミニマルに料理するならオーブンが便利。日本人はオーブン料理というと時間をかけて作るごちそうをイメージしますが、フランス人は日常的に使います。材料を裏返す必要もなくオーブンに入れっぱなしでいいので、メイン料理だけでなく前菜の野菜を焼くことにもよく使います。

素材を天板に直接のせてもいいのですが、1人分なら次の2つの方法がおすすめです。まずはグラタン皿などの耐熱容器上で素材を調味してオーブンへ。もう一つはオーブンペーパーにのせて両端をキャンディー包みのようにひねってオーブンへ。どちらも焼けたら下皿にのせてそのまま食卓へ供せます。

温度設定もあまり神経質にならず、基本は200〜220℃と覚えてください。オーブンの開閉で庫内の温度が下がるため、予熱は10℃高く設定し、焼くときに下げます。ご自宅のオーブンによるクセもあるので、レシピとして覚えるよりも使って体感したほうが確実です。洗い物も少なく、庫内をさっと拭くだけで後片づけも終わり。コンロ周りに油はねしないので掃除もミニマルです。

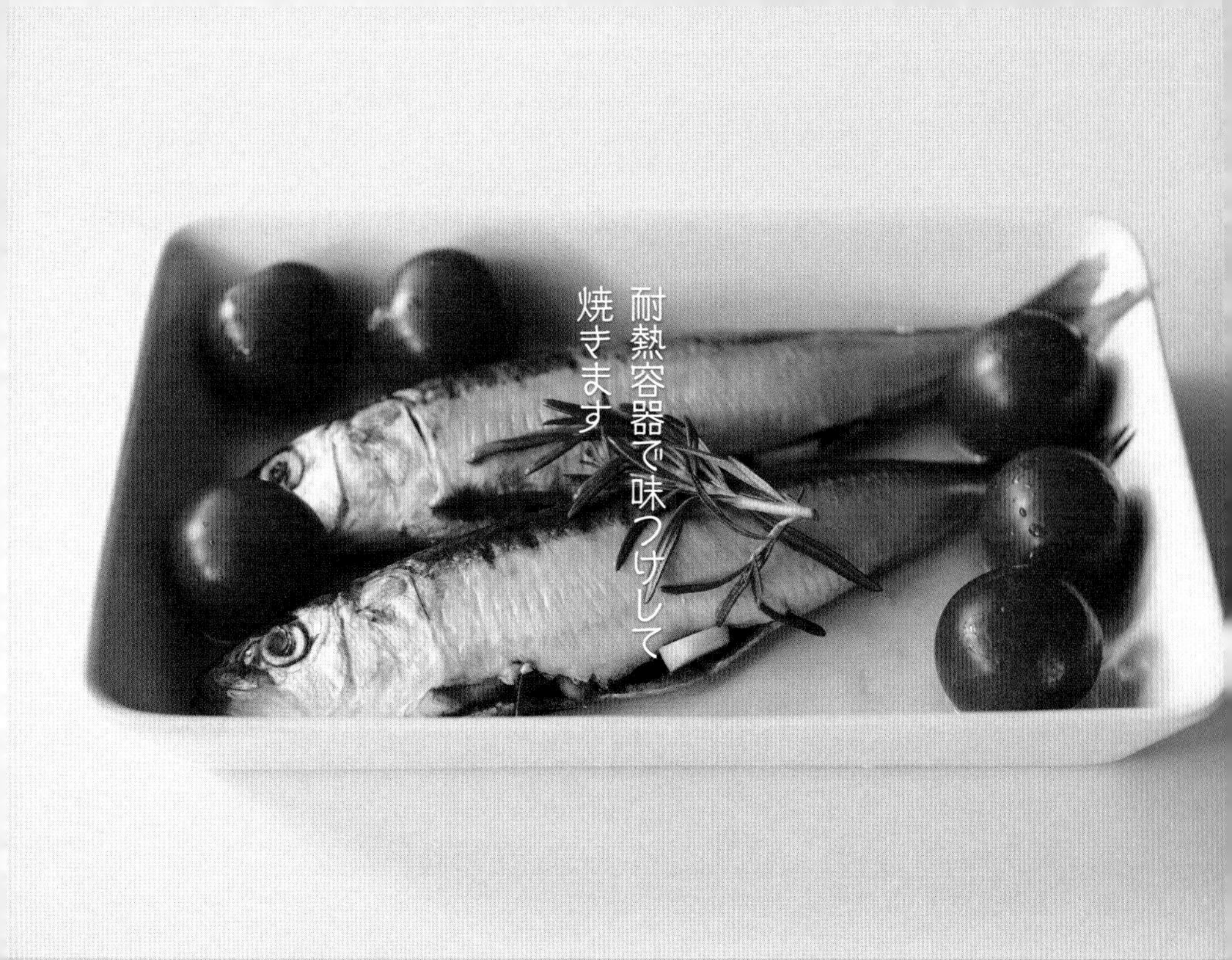

耐熱容器で味つけして
焼きます

オーブンペーパーを
器にして焼きます

しっとり火が入るオーブン焼きは骨付き肉の出番。
塩&ハーブでシンプルに仕上げます。

鶏手羽先とズッキーニの オーブン焼き ローズマリー風味

材料（1人分）

鶏手羽先……4本（約200g）
ズッキーニ（縦半分横3等分する）……小1本
ローズマリー……1枝
オリーブ油……大さじ1
塩、こしょう……各適量

作り方

1 鶏手羽先に塩3つまみ、こしょう少量をすり込む。オーブンは230℃に予熱する。

鶏手羽先は塩が入りにくいので多めにすり込みます。

2 耐熱容器にズッキーニを入れ、軽く塩、こしょうをふってからめ、**1**、ローズマリーを入れてオリーブ油を全体にからむようにかける。220℃のオーブンで約15分焼く。

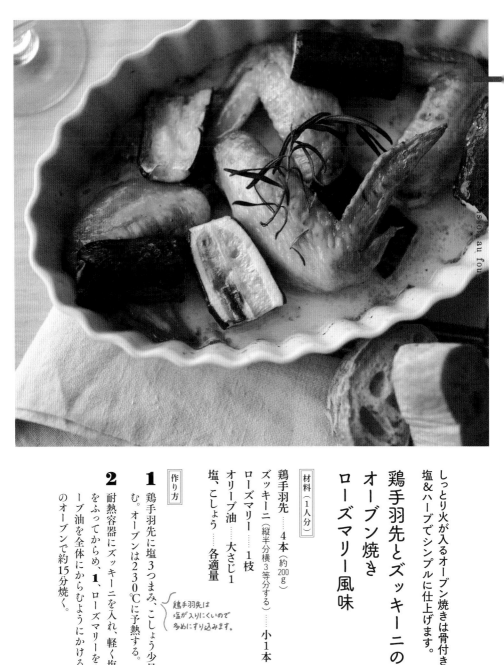

漬け込んで焼くだけの手軽さが魅力。
食欲をそそるスパイスの香りがたまりません。

鶏もも肉のタンドリー風オーブン焼き

材料（1人分）

鶏もも肉（から揚げ用）……4〜5個（120〜150g）
ブロッコリー（一口大に切り分ける）……3房
塩、こしょう……各適量
Ⓐ
プレーンヨーグルト……大さじ4
カレー粉……小さじ1強
にんにく（すりおろし）……小さじ⅓
生姜（すりおろし）……小さじ1
塩……ひとつまみ

作り方

1 鶏もも肉は塩ふたつまみ、こしょう少量をすり込み、Ⓐとともにポリ袋に入れてからめ、30分おく。

2 オーブンを210℃に予熱する。**1**にブロッコリーを入れて軽くもみ混ぜる。

3 オーブンペーパーを広げ**2**を漬け汁ごとのせ、ペーパーの両端を軽くひねる。200℃のオーブンで約15分焼く。

鮮度のよいいわしが手に入ったら、
オーブンでふっくら焼き上げましょう。
トマトをくずしてソースとして食べるのもおすすめです。

いわしとプチトマトの地中海風オーブン焼き

材料（1人分）

いわし……中2尾（約180g）
プチトマト……6個
ローズマリー……1枝
にんにく（薄切り）……小1かけ
オリーブ油……大さじ½
塩……適量

ローズマリーの代わりにタイムもおすすめ。

作り方

1 いわしは内臓を取り除き流水で洗う。塩小さじ¼をすり込み、約10分おいて流水で流してペーパータオルで水気を拭く。

2 オーブンを230℃に予熱する。**1**の腹ににんにく、ローズマリーの半量をちぎって詰めて耐熱皿におき、プチトマトを並べる。残りのローズマリーをのせてオリーブ油を全体にまわしかけ、220℃で10〜15分焼く。

半蒸し焼きになったれんこんは、
ぶり特有の風味をしっかりまといます。
素材の味が引き立つ簡単ソースでどうぞ。

ぶりと根菜の粒マスタードソース

材料（1人分）

ぶり……1切れ
れんこん（1cm厚さのいちょう切り）……100g
塩、こしょう……各適量
【マスタードソース】
オリーブ油……大さじ1
粒マスタード……大さじ1

作り方

1 ぶりに塩小さじ¼をすり込み5分おく。流水でさっと流してペーパータオルで水気を拭き、こしょう少量をふる。

2 オーブンは210℃に予熱する。オーブンペーパーを広げ、れんこん、**1**をおく。マスタードソースを混ぜ合わせてかけ、ペーパーの両端をひねって200℃のオーブンで10～15分焼く。

Chapitre 3

ひと皿足すならシンプルな前菜

野菜は5つの調理法で食べます

Cinq suggestions de confectionner des légumes en entrée

メインだけではちょっと物足りない、
また時間と気持ちに余裕があるというときは、
野菜をシンプルに料理して前菜にしましょう。
エチュベ、ソテー、マリネ、スープ、サラダの5つの調理法があれば、
同じ野菜が続いても飽きずに食べられて使い切れます。
野菜本来の味がストレートに愉しめる、塩味ならではのおいしさです。

蓋をしてほったらかし。野菜をやさしい味にする「エチュベ」。

フランス人の野菜の基本調理法のひとつが「エチュベ（蒸し煮）」。高温の蒸気によって味が凝縮されて甘みが出て、さらに一緒に加熱する油脂のコクがプラスされるので、濃厚でやさしい味わいに仕上がります。フライパンにすべての材料を入れ、蓋をして火にかけるだけという手軽さもいいところ。加熱時間はあくまでも目安です。水がなくなったら少し足してお好みの食感に調整してください。

エチュベは「素材 ＋ 油脂 ＋ 水」
↓
「蒸し煮」が基本です。

1 野菜を食べやすく切ってフライパンに入れ、油脂と水を加えて ⓐ 蓋をし ⓑ、中火にかける。

2 沸いたら数分蒸し煮し、蓋を取って余分な水分を飛ばし、塩ひとつまみ、こしょう少量をふって混ぜる。

キャベツのエチュベ

じゃがいものエチュベ

かぶのエチュベ

パプリカのエチュベ

沸いたら
約3分

キャベツのエチュベ

バターでコクをプラスして
蒸し煮した甘いキャベツがまろやかに。

材料（1人分）

キャベツ（食べやすく手でちぎる）……200g
バター……5g
水……50mℓ
塩、こしょう……各適量

沸いたら
約4〜5分

じゃがいものエチュベ

大きめにカットするなら
ホクホクに火が通るまで蒸し煮を。

材料（1人分）

じゃがいも（薄いいちょう切り）……200g（大1個）
バター……5g
水……65mℓ
塩、こしょう……各適量

沸いたら
約3分

かぶのエチュベ

みずみずしいかぶにごま油が
意外なおいしさです。

材料（1人分）

かぶ（茎を残してくし形に切る）……200g（2個）
ごま油……小さじ1
水……50mℓ
塩、こしょう……各適量

沸いたら
約3分

パプリカのエチュベ

オリーブ油が甘酸っぱいパプリカの
おいしさを引き立てます。

材料（1人分）

パプリカ（一口大に切る）……200g（大1個）
オリーブ油……小さじ1
水……50mℓ
塩、こしょう……各適量

とろとろに火が入ったなすに
くずれたトマトが
ソースのようにからみます。

トマト入り なすのエチュベ

材料（1人分）

なす（輪切り）……1本（80g）
トマト（くし形切り）……1個（150g）
オリーブ油……大さじ½
水……50mℓ
塩、こしょう……各適量

作り方

1 フライパンになす、オリーブ油、水を入れ、蓋をして中火にかける。

2 沸いたら約3分蒸し煮し、蓋を取って余分な水分を飛ばす。トマトを加えて塩ひとつまみ、こしょう少量をふって混ぜる。

バジルや
オレガノを加えても
おいしい。

甘い根菜にはクミンやカルダモンが好相性。
最後にふるだけでいつもと違うエチュベに。

にんじんとさつまいものエチュベ スパイス風味

材料（1人分）

にんじん（1㎝厚さの輪切り）……½本（80g）
さつまいも（1㎝厚さの輪切り）……小1本（100g）
バター……5g
水……100㎖
塩、こしょう……各適量
好みのスパイス……少量
カレー粉、クミンパウダー、カルダモンパウダーなど。

作り方

1 さつまいもは水に5分ほどつけてあくを抜く。フライパンににんじん、さつまいも、バター、水を入れて蓋をし、中火にかける。

2 沸いたら約5分蒸し煮する。蓋を取って余分な水分を軽く飛ばし、塩ひとつまみ、こしょう少量をふって混ぜる。器に盛って好みのスパイスをかける。

緑の野菜を合わせた鮮やかなひと皿。
バターのコクで
素材それぞれの味が際立ちます。

スナップえんどうとブロッコリーのエチュベ

材料（1人分）

スナップえんどう（筋を取る）……8本
ブロッコリー（1房を2〜3等分する）……200g（約6房）
バター……5g
水……50mℓ
塩、こしょう……各適量

作り方

1 フライパンにスナップえんどう、ブロッコリー、バター、水を入れて蓋をし、中火にかける。

2 沸いたら約3分蒸し煮し、蓋を取って余分な水分を飛ばし、塩ひとつまみ、こしょう少量をふって混ぜる。

季節を問わず重宝する小松菜も、
帆立を合わせると飽きずに
たっぷり食べられます。

小松菜とベビー帆立のエチュベ

材料（1人分）

小松菜（4㎝長さに切る）……150g
ベビー帆立……5粒（50g）
オリーブ油……大さじ½
水……50㎖
塩、こしょう……各適量

作り方

1 フライパンに小松菜、オリーブ油、水を入れて蓋をし、中火にかける。

2 沸いたら約3分蒸し煮し、蓋を取ってベビー帆立を加えて全体に混ぜる。塩ひとつまみ、こしょう少量をふって混ぜる。

ベーシックなエチュベにレモンをプラスして爽やかに。
彩りもよく食卓が華やぎます。

えびとアスパラガスのエチュベ レモン風味

材料（1人分）

えび……3〜4尾
グリーンアスパラガス……1束
バター……5g
水……50mℓ
レモン（輪切り）……1枚
塩、こしょう……各適量

作り方

1 えびは背わたを取って殻をむいてボウルに入れる。塩ひとつまみをふってもみ洗いをし、流水で洗って水気をきる。グリーンアスパラガスは根元⅓長さをピーラーでむき、固い部分は切り落として半分に切る。

2 フライパンに**1**、バター、水、レモンを入れて蓋をし、中火にかける。

3 沸いたら約3分蒸し煮し、蓋を取って余分な水分を飛ばし、塩ひとつまみ、こしょう少量をふって混ぜる。

野菜と相談して好みの状態に焼く「ソテー」。

焼くだけで一品になるソテーは、手軽に作れるので迷ったときの前菜にぜひどうぞ。焼くといっても焼き具合に正解はなく、実は焼き色をつけなくてもいいですし、生で食べられるものは中まで火を通さなくてもかまいません。そこに決まりはありません。

例えば、生でも食べられる春夏の野菜はさっと表面のみを焼くとみずみずしさが愉しめますが、焼きすぎるとぐずぐずになってしまいます。秋冬の水分少なめの野菜なら、さっと焼くより弱火でじっくり加熱して甘みを堪能するほうが向いています。また、油脂の種類を替えると印象が変わります。オリーブ油、バター、ごま油を気分で選ぶのも愉しいものです。

これはほかの調理法にもいえることですが、野菜（の状態）を無視すると、思ったようにはいかずに野菜がグレます（?!）。個々の野菜をみて火の入れかたを工夫してみてください。塩のタイミングはほかの野菜料理と同じく、最後に加えて味をととのえます。

柔らかく仕上げたいなら
弱めの中火で
ゆっくり火を通します。

かぶのソテー

材料（1人分）

かぶ（茎を残して2等分にする）……2個（200g）
オリーブ油……小さじ1
塩、こしょう……各適量
粒マスタード……適量

粒マスタードでアクセントをつけるとおつまみ風に。

作り方

1 かぶは水に浸して茎の土を落とし、水気をきる。

2 フライパンにオリーブ油を熱し、**1**を弱めの中火で全面に軽く焼き色がつくまで焼く。塩ひとつまみ、こしょう少量をふってからめる。

アスパラガスにチーズは鉄板の組み合わせ。
大胆に長さを残すといつもと違うひと皿になります。

アスパラガスのソテー チーズ風味

材料（1人分）

グリーンアスパラガス……1束
バター……5g
粉チーズ……適量
塩、こしょう……各適量

作り方

1 グリーンアスパラガスは根元⅓をピーラーで皮をむき、固い部分は切り落として長さを半分に切る。

2 フライパンにバター、**1**を入れて中火にかけ、ときどきフライパンをふって転がしながら火を通す。塩ひとつまみ、こしょう少量をふって混ぜ、器に盛って粉チーズをかける。

シンプルながら
相性のよさは間違いなし。
ご飯にもパンにもパスタにも、
そしてワインにも合うソテーです。

きのことベーコンのソテー

材料（1人分）

きのこ（しいたけ、しめじ、マッシュルームなど）＊……200g
ベーコン（食べやすく切る）……30g
できればかたまりを。
サラダ油……小さじ1
塩、こしょう……各適量
＊石づきを切って小房に分けるか、食べやすく切る。

作り方

1 フライパンにサラダ油を熱し、きのことベーコンを中火で3～4分ときどき炒めながら焼く。塩ひとつまみ、こしょう少量をふって全体に混ぜる。

キャベツのソテー アンチョビドレッシング

キャベツを切ってそのまま焼いた迫力のある一品。
アンチョビの旨みで無限に食べられそう。

材料（1人分）

キャベツ（くし形に切る）……1/8個（200g）
オリーブ油……小さじ1
【アンチョビドレッシング】
アンチョビ（粗く刻む）……1/2枚（小さじ1弱）
酢……大さじ1/2
サラダ油……大さじ1
塩、こしょう……各少量

アンチョビを
ケッパーに替えても
おいしい。

作り方

1 アンチョビドレッシングの材料は合わせてよく混ぜる。

2 フライパンにオリーブ油を熱し、キャベツを中火で焼く。両面にこんがり焼き色がついたら皿に盛り、**1**を全体にかける。

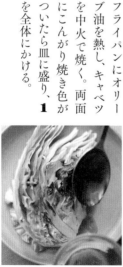

翌日もおいしい「マリネ」は倍量作って味の変化も愉しみます。

焼いたり揚げたりした野菜を調味液に浸して作るマリネは、温かくても冷たくてもおいしい前菜です。また漬けたての軽く風味がついた状態も、時間がたって味がしっかりなじんだ状態もそれぞれおいしく、味の変化が愉しめる調理法です。

今回は蒸し煮にするタイプと、グリルで焼くタイプをご紹介します。前者はパプリカ、にんじん、セロリ、きのこなどエチュベ(蒸し煮)しておいしい野菜、後者はねぎ類、れんこん、長いもなどグリルしておいしい野菜が向きます。どちらも素材の食感を残すか、クタクタに火を通すかはお好みでどうぞ。ゆでてマリネ液に漬けるよりも、味がなじみやすいので粗熱が取れたらすぐ食べられますし、翌日はさらに味がなじみます。もっと本格的な味にするなら酢をワインビネガーに。また、レモンやりんご酢に替えると異なるおいしさに出合えます。ぜひ多めに作って翌日も前菜やメイン料理の付け合わせなどにして愉しんでください。

カリフラワーとマッシュルームのマリネ

軽く蒸し煮して歯ごたえを残して仕上げます。
翌日は肉のソース兼付け合わせにするのもおすすめ。

カリフラワーとマッシュルームのマリネ

材料（2人分）

- **カリフラワー**（小房に分ける）……**200g**
- **マッシュルーム**（大きければ2等分する）……**100g**
- **オリーブ油**……**大さじ1**
- **水**……**大さじ2**
- **酢**……**大さじ1½**
- **塩、こしょう**……**各適量**

作り方

1 フライパンにオリーブ油を熱し、カリフラワー、マッシュルームを入れて全体に油がまわるように混ぜる。水を加えて蓋をして1〜2分蒸し煮する。

2 蓋を取って水分を軽く飛ばし、塩小さじ½、こしょう少量をふって混ぜ、火を止めて酢を加えて混ぜる。

グリルで焼いてマリネ液に漬けるだけ。
味がしっかりしみる翌日はタルティーヌにしても。

焼きなすと焼きピーマンのマリネ

マリネ液に
オレガノやバジルなど
ハーブを加えても。

材料（2人分）

なす……3本
ピーマン……2個
オリーブ油……大さじ1
酢……大さじ½
塩、こしょう……各適量

作り方

1 なす、ピーマンは丸ごとグリルで焼く。なすは真っ黒に焼き色をつけて皮をむき、ピーマンは軽く焼き色がついたらへたと種を取り、どちらも食べやすくさく。

2 ボウルにオリーブ油、酢、塩小さじ⅓、こしょう少量を入れて混ぜ、**1**を入れて全体に混ぜてなじませる。

野菜が温かいうちにマリネ液に
からませると味がしっかりなじみます。

蒸し煮して野菜の甘みを出すだけでぐっとおいしくなる「スープ」。

レストランのクラシカルなコースでは前菜とスープが別々に供されますが、自宅で作るふだんのごはんはスープも野菜の前菜のひとつと考えます。ただ1人分をおいしく作るのは難しいので2人分のレシピにしています。ちなみに最初にご紹介する4つのスープは冷凍可能なので、倍量（4人分）作っても大丈夫です。

スープをおいしく作るコツは、最初に野菜を蒸し煮すること。エチュベと同様に味が凝縮して甘みが強くなります。炒めて甘みを出すレシピも見かけますが、野菜によっては苦みが残るのであまりおすすめしません。

ここでも味つけは最後です。2人分塩小さじ⅓〜½を基本にして味をととのえてください。今回はシンプルなレシピなので野菜の種類も全体量も少なめ。とするとどうしても野菜の旨みがやや不足ぎみです。味をみて薄いなと感じたら、塩を足す前に顆粒スープを少し加えてください。そのあと味をみながら塩、こしょうで味をととのえると塩分の取りすぎが防げます。

いんげん豆のスープ

ホクホクとした豆のスープはやさしい味わい。
オリーブ油と煮込むことで風味よく仕上がります。

いんげん豆のスープ

材料（2人分）

- **白いんげん豆**（缶）……**200g**
- **玉ねぎ**（1cm角に切る）……**$\frac{1}{2}$個**
- **にんじん**（1cm角に切る）……**30g**
- **オリーブ油**……**大さじ$\frac{1}{2}$**
- **水**……**300mℓ**
- **塩、こしょう**……**各適量**

作り方

1 鍋に玉ねぎ、にんじん、オリーブ油、水100mℓを入れて中火にかける。煮立ったら約5分蒸し煮にする。

2 白いんげん豆、残りの水を加え、沸いたら弱火で約8分煮る。塩小さじ$\frac{1}{2}$、こしょう少量を加えて混ぜ、味をととのえる。

シンプルスープでも
たんぱく質入りなら満足度アップ。
真冬の長ねぎならとろとろに。

鶏肉とねぎのスープ

材料（2人分）

鶏もも肉（2cm角に切る）……1/3枚（100g）
長ねぎ（2cm長さに切る）……2本
水……400mℓ
塩、こしょう……各適量
黒こしょう……適量

作り方

1 鶏もも肉に塩ふたつまみをもみ込み、約5分おく。鍋に鶏もも肉、長ねぎ、水100mℓを入れ、蓋をして中火にかけ、沸いたら5分蒸し煮する。

2 残りの水を加え、沸いたら弱火で約8分煮て塩、こしょう各少量で味をととのえる。

食べるときに
好みで
黒こしょうをふります。

ポタージュ2種

野菜をなめらかにつぶして牛乳でまろやかに仕上げます。
とろみのつきにくい野菜には小麦粉をプラス。

かぼちゃ

きのこ

かぼちゃのポタージュ

材料（2人分）

かぼちゃ（皮と種を取って1cm角に切る）……200g
玉ねぎ（薄切り）……100g
バター……10g
水……200mℓ
牛乳……200mℓ
塩、こしょう……各適量

作り方

1 鍋にかぼちゃ、玉ねぎ、バター、水65mℓを入れて中火にかける。沸いたら約5分蒸し煮にする。

2 残りの水を加え、沸いたら弱火で約5分煮て牛乳を加え、火を止める。ハンドブレンダーでなめらかにし、再び火にかけて塩小さじ1/3、こしょう少量をふって混ぜ、味をととのえる。

きのこのポタージュ

材料（2人分）

きのこ（しいたけ、しめじ、マッシュルームなど）……200g
玉ねぎ（薄切り）……100g
小麦粉……大さじ1
バター……10g
水……200mℓ
牛乳……200mℓ
塩、こしょう……各適量

作り方

1 きのこは石づきを切り落とし、一口大に切るか小房に分けて鍋に入れる。玉ねぎ、バター、水65mℓを入れて蓋をして中火にかけ、沸いたら約5分蒸し煮する。

2 蓋を取って水分を飛ばし、小麦粉を全体にふり入れて軽く混ぜる。残りの水を加え、沸いたら弱火で約3分煮る。

3 牛乳を加えて火を止め、ハンドブレンダーでなめらかにして塩小さじ1/3、こしょう少量を加えて混ぜ、味をととのえる。

ベーコンやソーセージが少し残っていたら、旨みが出るのでぜひ加えて。

冷蔵庫のお片づけスープ

ちょっとずつ残った野菜の旨みが重なって深い味わいを生む幸せなスープ。

材料（2人分）

残り野菜*……約300g
バター……10g
水……400mℓ
塩、こしょう……各適量

＊玉ねぎ、セロリ、にんじん、きのこ、小松菜、じゃがいも、かぶ、かぼちゃなど。

作り方

1 残り野菜は小さい角切りにする。葉ものの野菜は別にする。鍋に葉もの以外の野菜、バター、水65mℓを入れて中火にかけ、沸いたら約5分蒸し煮する。

2 残りの水を加えて弱火で約8分煮る。葉もの野菜を加えてひと煮立ちさせ、塩小さじ½、こしょう少量を加えて混ぜ、味をととのえる。

スペイン風にんにくのスープ

材料（2人分）

トマト（1.5cm角に切る）……中1個
にんにく（みじん切り）……大1かけ
オリーブ油……大さじ1½
Ⓐ
- パプリカパウダー……小さじ1
- カイエンヌペッパー（または一味唐辛子）……少量
- 水……200mℓ

フランスパン（薄切り）……1～2枚
卵……1個
塩、こしょう……各適量

チリペッパーでもOK。

作り方

1 鍋ににんにく、オリーブ油を入れて中火にかけ、香りが立ってにんにくが軽く色づいたらトマトを加えてしっかり煮立たせる。

2 Ⓐを加えて沸かし、弱火で約3分煮る。塩小さじ⅓、こしょう少量をふって混ぜ、フランスパン、卵を加えて卵が半熟状になるまで煮て味をととのえる。

にんにく、トマト、卵、パンが入った
栄養バランスのよい元気が出るスープです。

どんな野菜でも、酢・油・塩・こしょうで「サラダ」になります。

サラダというとどうしてもレタスなどの生のサラダ野菜で作るシャキシャキとしたものを想像しますが、どんな素材でも、また焼いても蒸しても作れます。野菜どうしはもちろん、フルーツと組み合わせたり、ツナやお刺身、目玉焼きなどたんぱく質を加えたりなど自由です。

レシピの中には簡単なドレッシングも紹介していますが、面倒なときは作らなくても大丈夫です。むしろ自分のためだけなら、そのつど作らずに食卓で塩、こしょう、ワインビネガー（酢やレモンでも）、オリーブ油をお好みでかけるだけで十分です。酢と油は１：２が基本。食材に油分が多ければ油を減らし、酸味が強ければ酢を減らします。これだけでも素材の味が際立ち、飽きずにおいしく食べられます。

もしアクセントをつけるならば、オリーブやケッパー、アンチョビを刻んで混ぜたり、ナッツやドライフルーツ、チーズをトッピングしたりするのが簡単でおすすめ。それだけでいつもと違う心躍るサラダが完成します。

目玉焼きのせ葉もの野菜のサラダ

目玉焼きとチーズをのせるだけでごちそう感アップ。
いつものサラダ野菜がビストロ風に変身します。

目玉焼きのせ葉もの野菜のサラダ

玉子とチーズをからめて
シーザーサラダ風にどうぞ。

材料（1人分）

- サラダ野菜（レタスなど好みのもの）……適量
- 目玉焼き（柔らかく焼く）……1個
- パルミジャーノチーズ（かたまりを削る）……適量
- ワインビネガー（または酢）……大さじ$\frac{1}{2}$
- オリーブ油……大さじ1
- 塩、こしょう（あれば黒こしょう）……各適量

作り方

1. サラダ野菜は水に浸してパリッとさせ、水気をよくきって皿に広げる。
2. 1に目玉焼きをのせ、ワインビネガー、オリーブ油、塩ひとつまみ、こしょう少量をふって、パルミジャーノチーズを散らす。

おなじみのラペにツナを入れると
おかずらしい味に。
4日ほど持つので
多めに作っておいても重宝します。

ツナ入りキャロットラペ

材料（作りやすい量）
にんじん（せん切り）……大1本
ツナ（油漬け。油をきる）……小1缶（70g）
Ⓐ レモン汁……小さじ2
オリーブ油……小さじ4
塩、こしょう……各適量
好みのナッツ（あれば。粗く刻む）……適量

好みでトッピングしてください。

作り方
1 ボウルにⒶ、塩小さじ1/3、こしょう少量を入れて混ぜ、にんじんを加えて混ぜる。

30分以上が理想ですが、もう少し早くてもOK。

2 ツナを加えて混ぜ、しばらくおく。

彩りのよさはもちろん、
甘みと酸味のバランスがよく、
思わず笑顔になれるサラダです。

トマトとオレンジのサラダ

材料（1～2人分）
オレンジ（厚めに皮をむいて一口大に切る）……1個
トマト（一口大に切る）……1個
レモン汁……大さじ½
オリーブ油……大さじ1
塩、こしょう……各適量
イタリアンパセリ（あれば）……少量

トッピングはほかにミントやセルフィーユなどでも。

作り方
1 ボウルにオレンジ、トマトを入れ、レモン汁、オリーブ油、塩ひとつまみ、こしょう少量を全体にふり入れて混ぜる。

いちごとバルサミコ酢の定番サラダにビーツを加えたインパクトのあるひと皿です。

ビーツといちごのサラダ

材料（1人分）

いちご（へたを取って食べやすく切る）……100g
ビーツ（1cm角に切る）……70g
バルサミコ酢……小さじ1
オリーブ油……大さじ½
塩、こしょう……各適量
黒こしょう……適量

ビーツはゆでたものを買えばそのまま使えます。

作り方

1 耐熱ボウルにビーツ、水大さじ2（分量外）を入れ、ふんわりラップをかけて約2分加熱する。そのまま粗熱を取り、煮汁を大さじ1残して捨てる。

2 バルサミコ酢、オリーブ油、塩ひとつまみ、こしょう少量を加えて混ぜ、いちごを加える。皿に盛って黒こしょうをふる。

お刺身サラダ

買ってきたお刺身をのせるだけ。
鯛や平目などあっさりとした白身魚がおすすめです。

材料（1人分）

刺身（白身魚）……5切れ
サラダ野菜（レタスなど好みのもの）……適量
オリーブ油……適量
レモン（くし形切り）……1切れ
塩、こしょう……各適量
ピンクペッパー（あれば）……少量

トッピングすると
少しピリッとして
お刺身に合います。

作り方

1 サラダ野菜は水につけてパリッとさせ、水気をしっかり拭いて皿に広げる。

2 刺身をのせ、塩ひとつまみ、こしょう少量をふり、オリーブ油をひとまわしかける。食べるときにレモンを搾りかける。

上田淳子 Junko Ueda

料理研究家。神戸市生まれ。辻学園調理技術専門学校卒業後、同校の西洋料理研究職員を経て渡欧。スイスのホテルやパン店、フランスではミシュランの星つきレストランやシャルキュトリーなどで約3年間研鑽を積む。帰国後、シェフパティシエを経て料理研究家として独立。自宅で料理教室を主宰するかたわら、雑誌やTV、広告などでも活躍。ワインに合う日本食の提案イベントや、双子の母としての経験を生かした食育についての活動も行う。確かな技術や知識、経験に基づいたレシピ集は、わかりやすさと作りやすさに定評がある。近著に『上田家ごはん』(文化出版局)、『今さら、再びの夫婦二人暮らし』(オレンジページ)など多数。

デザイン◆河内沙耶花（mogmog Inc.）
撮影◆西山航（世界文化ホールディングス）
スタイリング◆竹内万貴
調理アシスタント◆高橋ひさこ　田中美奈子
フランス語◆石坂三奈子
校正◆株式会社円水社
編集◆井伊左千穂
編集部◆能勢亜希子

フランスの台所から学ぶ
大人のミニマルレシピ

発行日　2023年6月10日　初版第1刷発行
　　　　2024年3月20日　第4刷発行

著者　上田淳子
発行者　竹間 勉
発行　株式会社世界文化ブックス
発行・発売　株式会社世界文化社
〒102-8195
東京都千代田区九段北4-2-29
TEL　03-3262-5118（編集部）
TEL　03-3262-5115（販売部）
印刷・製本　株式会社リーブルテック
DTP製作　株式会社明昌堂

ISBN 978-4-418-23304-5